LE VIBRAPHONE ET LE *BENDING TONE* : VERS UNE NOUVELLE APPROCHE SONORE

Par : André Cayer © 2014

Révision du texte : Sarah Saidi, Julie Cayer, Ann-Elisabeth Martin
Photos : Sophie Cayer
Design graphique (page couverture) : Julie Noël

VIDÉOS ET EXTRAITS SONORES DISPONIBLES SUR
www.andrecayer.com

Dépôt légal – 1er trimestre 2014 – Bibliothèque nationale du Québec – Bibliothèque nationale du Canada

ISBN 978-2-9814437-0-0

La révision de ce document a été rendu possible grâce à l'aide du Fonds d'appui à la création et l'édition d'une oeuvre savante et de l'Université de Sherbrooke

Remerciements à : Université de Sherbrooke, à la Faculté des lettres et des sciences humaines et son École de musique pour son support, tous ceux qui ont participé à ce projet (Robert Leroux, Denis Gougeon, Julie et Sophie Cayer, Daniel Couture, Christiane Bolduc), et un merci tout spécial à Ann-Elisabeth pour son soutien indéfectible.

TABLE DES MATIÈRES

LE VIBRAPHONE ET LE *BENDING TONE* : VERS UNE NOUVELLE APPROCHE SONORE
André Cayer – (2009-2014)

Introduction

Le vibraphone est l'un des instruments les plus polyvalents et les plus fascinants qui soit. C'est pour cette raison que, malgré sa courte histoire, il a su se tailler une place particulière dans un monde musical où le jazz et la musique classique tendent à ce rapprochement de plus en plus élaboré. En effet, en quelques années seulement, le vibraphone est devenu un porte-étendard de la musique moderne, qui propose un répertoire de mieux en mieux adapté ainsi que des compositeurs et des interprètes spécialisés et intéressants. Malgré tout, beaucoup de travail reste à faire avant de lui octroyer ses lettres de noblesse. Dans ce contexte, ce traité visant l'élargissement de la palette sonore se veut une contribution qui, je l'espère, élargira encore plus les horizons de cet instrument aux possibilités immenses.

Ce document présente une exploration des possibilités sonores liées à un effet particulier : le *bending tone*. Il inclut également l'information pertinente à sa réalisation concrète et efficace, permettant de l'intégrer de façon systématique dans une interprétation musicale fluide. Le potentiel offert par ce nouvel outil ouvre la voie, à mon avis, à une façon d'aborder l'instrument de façon beaucoup plus expressive qu'auparavant.

Voici quelques avantages proposés par cette approche du *bending tone* :

- La possibilité de réaliser le *bending tone* à partir des deux mains en conservant tous les avantages offerts par la tenue de quatre baguettes (*grip*) déjà maîtrisée;
- Une grande flexibilité qui permet entre autres :
  - L'insertion du *bending tone* à travers des traits très rapides;
  - L'insertion du *bending tone* à travers des accords de quatre sons;
  - La frappe d'une ou deux nouvelles notes simultanées avec la même main ayant réalisé un *bending tone* l'instant précédent;
  - La réalisation de traits rapides dont chacune des notes est glissée;
  - L'ajout de couleurs beaucoup plus subtiles;
- Un contrôle accru sur toutes les étapes de la réalisation du *bending tone*;
- Un mélange très fluide entre toutes les options offertes par le jeu traditionnel et ce nouveau potentiel sonore;
- Un grand potentiel menant au développement de nouvelles possibilités techniques et musicales telles que :
  - Le *bending tone* parallèle (simultané);
  - Le vibrato contrôlé;
  - Les notes en dehors du ton;
  - L'accord à quatre sons précédé d'un *bending tone*;
  - Les doubles et triples *bending tone*;

o   De nouvelles possibilités sonores soutenues par l'utilisation directe des deux baguettes ou boules supplémentaires.

Le vibraphone

En raison de l'utilisation de la pédale et de la frappe des notes, le vibraphone est souvent comparé au piano lorsque l'on parle de technique de jeu et de possibilités sonores. Il se démarque toutefois de celui-ci par sa sonorité particulière, par la possibilité de choisir les notes résonnantes grâce à l'emploi du *dampening* (étouffement de notes choisies) ainsi que par l'utilisation du moteur.

Certains diront que l'instrument offre malgré tout des possibilités musicales relativement limitées. En effet, le piano, par sa large tessiture et sa grande liberté polyphonique peut pallier le manque de subtilités du son (comparativement à un instrument à vent ou à cordes frottées). Pour sa part, le vibraphone manque (affirment certains) de moyens pour élargir sa palette sonore, et c'est ce problème que tente de résoudre une approche comme celle-ci. En effet, grâce à l'intégration de cette *Méthode de réalisation du* bending tone *au vibraphone*, les possibilités sonores semblent multipliées et permettent de donner vie aux notes tout en offrant de nouvelles avenues au point de vue technique.

Historique

Traditionnellement, le *bending tone* fut utilisé sporadiquement dans certains répertoires de musique contemporaine ou de jazz[1]. Pour ce faire, on remplaçait simplement l'une des baguettes utilisées le temps de réaliser l'effet voulu. De ce fait, en raison, entre autres, du manque de flexibilité de cette approche (changement de baguette fastidieux, limite causée par la baguette en moins, difficultés de réalisation, etc.), l'utilisation du *bending tone* est demeurée parcimonieuse jusqu'à maintenant.

Buts visés par cette approche

Dans un premier temps, cette approche incorpore un nouvel élément à la tenue de baguette originale (*grip*). En effet, une boule dure (ou une courte baguette de type xylophone) viendra se juxtaposer à l'autre extrémité de certaines baguettes. Cet ajout pourra se faire à partir de n'importe quelle tenue utilisée (voir point 1.1. Approche selon la tenue (*grip*) utilisée).
Cet ajout est déjà fait de façon sporadique par certains musiciens, mais son développement à travers une technique régulière et virtuose m'apparaît maintenant incontournable puisque les possibilités offertes par cette « troisième baguette » dépassent de beaucoup une simple utilisation qui consiste traditionnellement à frapper un instrument extérieur au clavier (par exemple, un crotale ou un triangle, etc.).

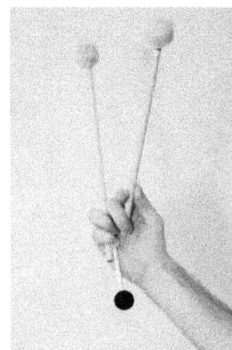

En fait, l'originalité de cette approche réside principalement dans l'utilisation singulière faite par cette « troisième baguette » puisque celle-ci permettra de systématiser et de développer l'effet particulier du *bending tone*, nécessitant l'utilisation simultanée d'une baguette dure et d'une baguette de vibraphone conventionnelle.

---

[1] Citons, par exemple, *The New Quartet*, DC (1973) avec le vibraphoniste Gary Burton.

Le but de cette méthode est donc double : tout d'abord présenter l'utilisation des six baguettes[2] comme une solution durable et parfaitement adaptable aux différents styles de jeux, puis exposer d'une façon simple l'approche du *bending tone*, qui permettra ultimement le développement de nouvelles possibilités musicales.

Ce manuscrit réserve également un chapitre aux compositeurs intéressés par les nouvelles possibilités acoustiques liées au développement du *bending tone* au vibraphone. Vous y retrouverez des renseignements concernant les éléments graphologiques ainsi qu'une recherche sonore associée aux techniques élaborées.

La deuxième partie de cette méthode offre une série d'exercices abordant les différentes techniques élaborées. Chacun de ceux-ci est précédé, si nécessaire, de quelques conseils qui en permettent une meilleure réalisation. Toutefois, la lecture de la première partie reste essentielle à une bonne compréhension ainsi qu'à une réalisation adéquate des exercices.

Enfin, la troisième partie présente un recueil d'études associées aux différentes techniques ciblées dans cette méthode.

---

[2] Les deux extrémités présentant des boules dures (ou de courtes baguettes de type xylophone) sont ici considérées comme des baguettes indépendantes, ce qui porte à six le nombre total de baguettes utilisées à partir d'une tenue standard.

1re partie – Méthode de réalisation du *bending tone*

1. Mise en place des deux baguettes (ou boules) dures

Nous n'aborderons pas la qualité du choix de la tenue des baguettes, qui reste personnelle à chacun, puisque cette méthode est **applicable avec toutes les approches** peu importe celle choisie (deux baguettes, Musser, Burton, « extended cross grip », traditionnelle, etc.) ou la méthode de mouvement utilisée (Steven, Burton, « fulcrum », Morel, etc.). En effet, les techniques développées ici n'altèrent ni la liberté de mouvement ni la virtuosité.

> « Pour ma part, j'ai choisi la tenue Musser (basée sur la méthode de mouvement développée par Leigh Howard Stevens). Afin d'ajouter du volume sonore et de la flexibilité à mon jeu, j'ai choisi de raccourcir chacune des mes baguettes, avec pour résultat des possibilités musicales qui me semblent accrues. Évidemment, si cette approche s'adapte très bien au vibraphone, il peut en aller autrement pour le marimba, qui nécessite, de par sa construction, une longueur de baguette plus considérable. »
>
> A. Cayer

1.1. Approche selon la tenue (*grip*) utilisée

Selon certaines modalités, une baguette plus courte ou une boule dure (de type xylophone) est simplement ajoutée à l'extrémité opposée de l'une des baguettes déjà en place.

Voici de quelle façon s'y prendre selon la tenue utilisée.

1.1.1. Tenue simple (2 baguettes)

On ajoute, au choix, une boule dure ou une courte baguette avec une boule dure à l'autre extrémité de chacune des deux baguettes. On optera pour mettre la nouvelle baguette, s'il y a lieu, à l'intérieur de la paume afin d'éviter qu'avec le poids donné sur la baguette dure, le manche n'ait tendance à se déplacer. La longueur idéale de la nouvelle baguette devrait être d'environ 19 cm (7,5 po), permettant à la fois une bonne répartition du poids et une tenue peu encombrante (voir figure ci-dessous).

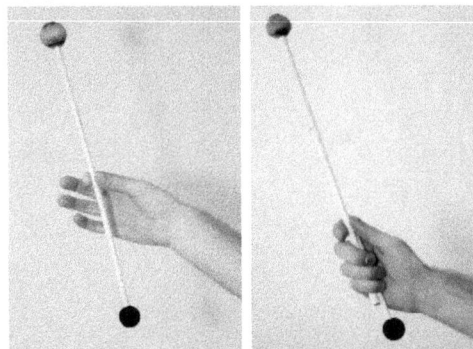

1.1.2. Tenue de type Burton

Les utilisateurs de la tenue de type Burton ajoutent simplement une boule dure à l'extrémité de chacune des deux baguettes extérieures. De cette façon, le manche présentant cette baguette dure sera directement en contact avec la paume de la main, ce qui permettra un poids accru sans effort (lors du jeu, le manche de la baguette dure devrait suivre la direction du bras).

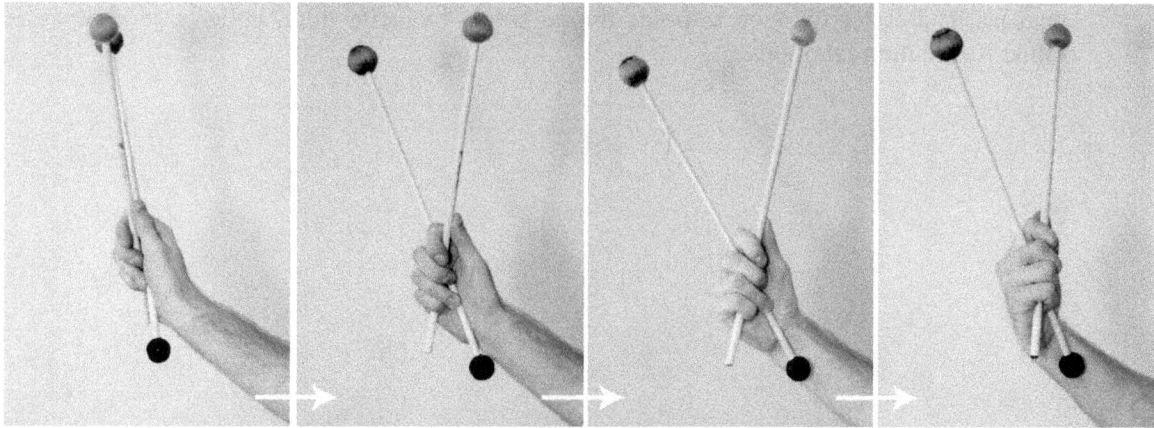

1.1.3. Tenue type Musser (technique Stevens)

Dans le cas de la tenue de type Musser, les deux baguettes supplémentaires ou boules dures (au choix) viendront s'insérer à l'extrémité inverse de chacune des baguettes extérieures (1 et 4) comme expliqué plus bas.

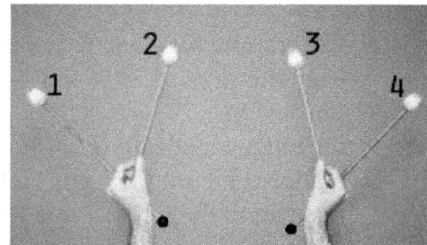

En effet, deux choix s'offrent à l'utilisateur de la tenue de type Musser :

a) Utiliser des baguettes plus longues à l'extérieur (1 et 4), dont une extrémité présente la boule dure et l'autre, la boule utilisée normalement.
    Bien qu'efficace, cette approche est difficilement envisageable pour ceux qui utilisent des manches longs puisqu'elle exige l'utilisation de baguettes faites sur mesure (environ 8 cm ou 3 po de plus que la longueur des baguettes intérieures).

Le manche longe le 4e métacarpe (os) et le point d'appui se situe vis-à-vis de l'os pisiforme. Comme c'est le cas pour la tenue Burton, le manche présentant la boule dure sera donc directement en contact avec la base de la main, ce qui permettra un poids accru obtenu presque sans effort.

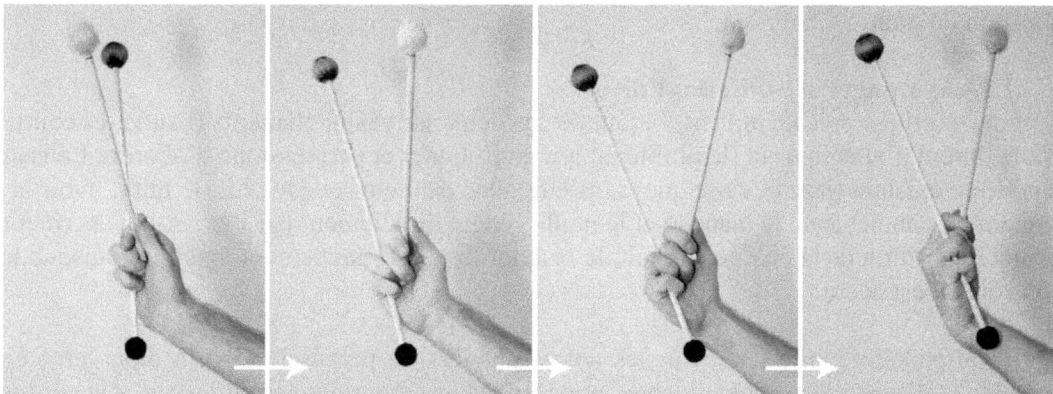

b) La deuxième possibilité m'apparaît la plus polyvalente puisqu'elle permet de multiplier les combinaisons. Il s'agit simplement d'ajouter deux nouvelles baguettes très courtes et de les superposer inversement aux deux baguettes extérieures (1 et 4). Pour une tenue optimale, on optera pour en insérer le manche à l'intérieur (directement en contact avec la peau) afin d'éviter qu'avec le poids donné sur la baguette dure, celle-ci se déplace et rende l'exécution laborieuse.

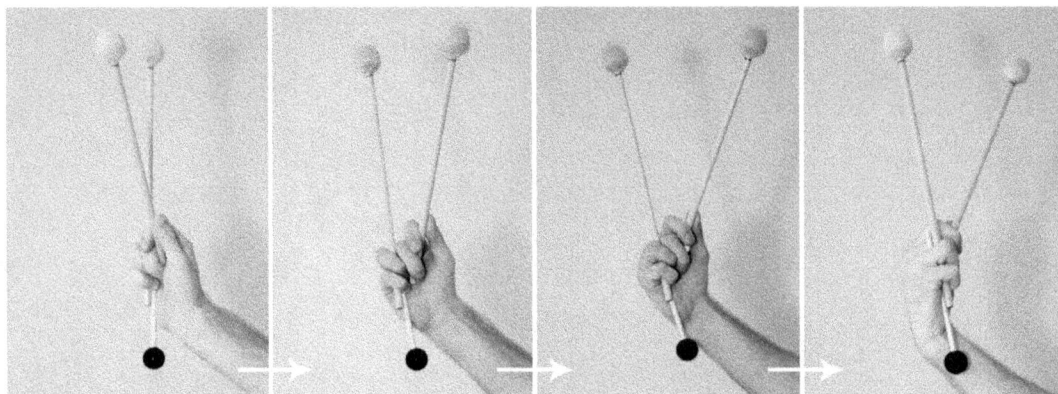

Encore une fois, les deux manches longent le 4e métacarpe (os) et le point d'appui de la baguette dure se situe vis-à-vis de l'os pisiforme, ce qui permet d'offrir un poids accru sans effort.

La longueur idéale de la nouvelle baguette devrait être, incluant la boule, d'environ 17 cm (6,5 po), permettant à la fois une bonne répartition du poids et une tenue peu encombrante. Quant au rotin, il m'apparaît une solution très efficace pour le nouveau manche puisqu'il permet un ajustement naturel du point de contact de la boule et de la latte ainsi qu'une répartition du poids.

Enfin, le manche devrait être assez mince pour permettre une bonne tenue des deux baguettes simultanément par les doigts extérieurs. Après quelques heures de pratique, vous les oublierez tout simplement.

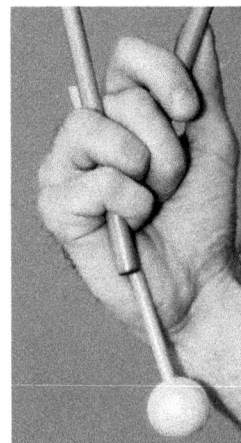

1.2. Types de baguettes

En ce qui concerne la boule utilisée, il faut éviter une matière trop molle qui empêche la vibration de la latte (par exemple, le caoutchouc mou). De même, une boule trop dure aura tendance à décoller de la latte en vibration, créant ainsi un bruit parasite. Certaines boules de plastique m'apparaissent les plus efficaces jusqu'à présent. C'est une question de goût.

1.3. Avantages et utilisations diverses

Comme expliqué précédemment, l'ajout de ces deux nouveaux éléments (baguettes courtes ou boule dures) n'altère pas la flexibilité du jeu traditionnel et permet donc d'aborder l'ensemble du répertoire existant (jazz et classique) sans être gêné par ceux-ci. De plus, le fait d'avoir la base de la main en contact avec le manche et le poids généré directement par l'avant-bras permet une très bonne répartition de la charge. De fait, le résultat final est grandement amélioré puisque le contrôle en est accru.

L'utilisation d'une telle tenue sur les autres claviers de percussion est, à mon sens, également possible et même souhaitable puisque, pour les raisons mentionnées ci-dessus, elle permettra d'en étendre les possibilités par exemple :

- Pièce avec utilisation d'éléments extérieurs (crotales, triangles, enclumes, etc.) nécessitant l'utilisation des baguettes dures;

- Pièce avec ajout de traits simples sur un autre instrument à clavier (xylophone, glockenspiel, etc.);
- Montages avec plusieurs types de surfaces à couvrir;
- Combinaisons variées de types de mailloches (4+2; 2+2+2; 4+1+1; etc.).

2. Méthode de réalisation du *bending tone* au vibraphone

2.1. Le *bending tone*

La technique du *bending tone* permet de descendre graduellement la note fondamentale d'une latte vibrante en ralentissant la vibration de celle-ci. Afin de réussir cet effet, une baguette dure doit être déposée sur le point neutre (vis-à-vis de la corde), puis glissée sur celle-ci après qu'une deuxième baguette a frappé la latte. La vibration simultanée de la boule dure et de la latte produit ultimement une courbure du son pouvant aller jusqu'à un ½ ton plus bas.

Pour l'ensemble des étapes de réalisation, la pédale doit être abaissée puisque le *bending tone* nécessite la vibration de la note.

Aussi, sauf exception, la position du corps ne devrait pas changer avec l'intégration des techniques qui suivent. Il s'agit simplement d'incorporer ces nouveaux procédés à ceux déjà utilisés sans altérer la méthode de mouvements originale.

Enfin, comme nous le verrons de façon détaillée, plusieurs facteurs comme le point de frappe, le type de *bending tone* ou le registre choisi influenceront le résultat sonore.

2.2. Registre idéal

Le *bending tone* est possible sur l'ensemble du vibraphone, mais peut s'avérer un peu plus difficile à réaliser dans les registres extrêmes. C'est pourquoi les exercices de la deuxième partie se concentrent sur la partie centrale de l'instrument afin d'en faciliter l'apprentissage. Par la suite, vous pourrez élargir l'étendue et même découvrir de nouvelles possibilités sonores liées au choix des différents registres.

2.3. Réalisation du *bending tone* en 4 étapes

À noter : Le contenu de cette méthode est utilisable sur l'ensemble des types de vibraphones. Toutefois, les résultats peuvent varier selon le type et la marque du vibraphone utilisé. En effet, certains instruments feront ressortir plus ou moins d'harmoniques, d'autres auront tendance à résonner moins longtemps, etc. Ce sera donc (comme c'est toujours le cas!) à l'instrumentiste de s'adapter à ces différences mineures.

2.3.1. Réalisation du *bending tone* : dépôt de la baguette dure

2.3.1.1. Déposer la baguette dure au bon endroit (2 possibilités)

La première étape consiste à déposer la baguette dure sur la latte de façon à ce que celle-ci puisse continuer à vibrer. Pour ce faire, il existe deux endroits stratégiques où la vibration est presque inexistante et qui correspondent au passage de la corde à travers la latte (en haut et en bas de la latte). Ces deux endroits sont appelés points nodaux (nœuds de la surface vibrante).

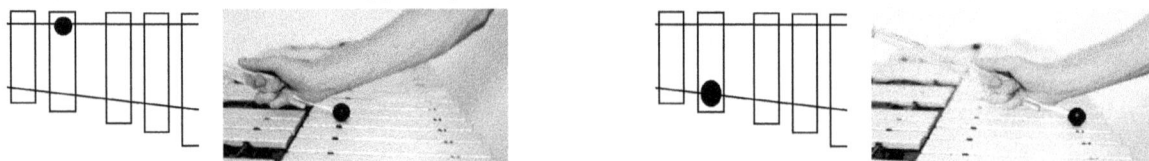

Une fois ces endroits localisés, il suffit d'y appuyer la baguette dure, sans toucher d'aucune autre façon l'instrument.

2.3.1.2. Silence

À moins d'un effet particulier recherché, un dépôt idéal se fera sur une latte qui ne vibre pas (et donc qui est silencieuse) afin d'éviter les bruits non désirés. Le plus grand défi consiste à y déposer la boule dure sans bruit.

À noter : Bien qu'il semble quelquefois plus facile de réaliser le dépôt après s'être préalablement appuyé sur le côté de la main, cette façon de faire peut facilement devenir un handicap puisqu'elle ralentit énormément le mouvement. Il est donc préférable de s'habituer dès le départ à déposer la baguette directement sur la latte et sans préparation.

2.3.1.3. Position stratégique et angle de la baguette

Dans un premier temps, il importe de localiser l'endroit le plus stratégique pour le dépôt.

À ce moment, quelques questions s'imposeront d'elles-mêmes :

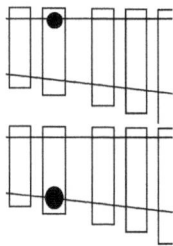

- Dans quelle direction s'effectuera mon *bending tone*? Autrement dit, quelle est la note visée?
- Quel est l'endroit qui permettra le mouvement le plus efficace (distance, facilité de mouvement, fluidité, etc.)?
- Quel genre de *bending tone* est-ce que je veux réaliser?
- Est-ce que j'aurai l'espace nécessaire pour frapper la latte avec une autre baguette?

Après quelque temps, la réponse à ces questions viendra presque automatiquement, et le choix de position se fera naturellement.

En ce qui concerne l'angle de baguette à privilégier pour un résultat optimal, le moyen le plus simple consiste à déposer la boule de façon à ce que la baguette soit presque parallèle avec le clavier. De cette façon, la baguette sera déjà en place pour la réalisation des trois prochaines étapes.

À noter : Il peut arriver qu'à la suite du dépôt on doive libérer l'espace du centre de la latte par une légère rotation de quelques centimètres dans la direction opposée à la baguette qui viendra frapper la note. Dans ce cas, immédiatement après la frappe, on ramènera la main de façon à ce que la baguette soit dans le même sens que la latte. Ce déplacement de la main sera utilisé principalement dans le cas où le dépôt est fait sur la corde du bas de la latte la plus proche du musicien. Il en résultera une petite rotation n'ayant pratiquement aucun effet sur la vibration.

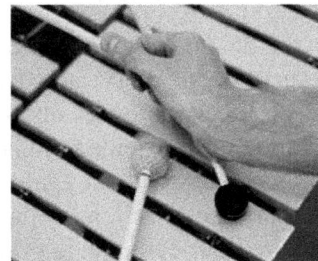

À force de pratique, la main se positionnera naturellement dès le départ afin de laisser la place à la baguette de frappe, c'est-à-dire avec un léger angle. Avant de passer à la deuxième étape, il faut donc vérifier si le dégagement est bien réalisé afin d'éviter tout risque de blessure ou de sonorité excentrique du genre « Oouch! ».

2.3.1.4. Direction du manche

La direction du manche de la baguette (vers le haut ou le bas) sera déterminée en fonction de l'action précédente et de la suivante. De façon générale, la disposition la plus simple sera celle utilisant la position naturelle du corps, c'est-à-dire en plaçant la boule dure entre le musicien et le manche, et ce, même sur le clavier du haut.

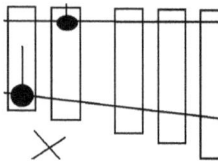

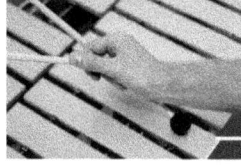

Dans certains cas, on devra placer la baguette dans le sens contraire afin de permettre un mouvement plus fluide à partir du clavier du haut et sur la corde la plus éloignée du musicien. Cela permettra, par exemple, d'aller frapper le premier clavier avec les autres baguettes de la même main (position inversée).

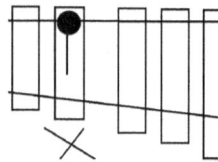

2.3.1.5. Dépôt en deux actions

L'étape du dépôt comporte deux actions :

a) Le **contact avec la surface** au bon endroit et en douceur afin d'éviter le bruit. Celui-ci doit se faire le plus subtilement possible et nécessite une retenue dans le mouvement juste avant le contact;

b) L'application d'une pression supplémentaire (poids) aussitôt que la boule touche à la latte afin d'éviter les bruits indésirables qui pourraient être causés lors de la frappe de la latte avec l'autre baguette.

Afin de favoriser la maîtrise de cette étape cruciale, je suggère de simplement pratiquer son exécution sur la surface des lattes ou d'utiliser les études simples qui vous tombent sous la main et de jouer toutes les notes dans un silence absolu en plaçant les boules aux bons endroits et en pratiquant les deux actions expliquées précédemment (**dépôt en douceur et pression**). Pour les plus acharnés, il est également possible d'utiliser une surface métallique quelconque (chaudron retourné, etc.). Si, au départ, cela peut sembler ardu, cette étape devient rapidement une seconde nature pour celui qui la pratique de façon régulière.

2.3.1.6. Pression nécessaire

Une pression accrue est particulièrement importante au moment de frapper la latte avec une autre baguette, car c'est à ce moment que la vibration est la plus intense. Aussitôt cela fait, on pourra se permettre de relâcher un peu la pression afin de laisser la note résonner un peu plus longtemps si désiré.

Une pression optimale s'ajustera aux buts visés par le musicien. Trop intense, elle aura pour résultat d'étouffer la note, trop légère, des bruits parasitaires se feront entendre par la boule qui rebondira sur la note vibrante.

Plusieurs résultats peuvent être souhaités par le vibraphoniste qui en contrôle les paramètres, par exemple :

- Éteindre la note juste avant de passer à une suivante ou;
- Marquer un temps d'arrêt sur la corde avant d'entreprendre le *bending tone* (dans ce cas, il suffit de relâcher la pression juste après avoir frappé la note, puis de rétablir la pression avant d'entreprendre le *bending tone*).

2.3.2. Réalisation du *bending tone* : frappe de la latte

Dès que la baguette dure est déposée au bon endroit avec une pression suffisante et que la cible de frappe est dégagée il est possible d'aborder la deuxième étape : la frappe.

Cette partie est la plus simple des quatre puisqu'il s'agit simplement de frapper la surface avec une autre baguette tout en maintenant la pression donnée avec la première.

2.3.2.1. Points de frappe

Il existe, selon les circonstances et le son désiré, plusieurs points de frappe potentiels :

- **Le centre de la latte** offre le plus de vibration ainsi que le son le plus riche. Pour ces raisons, il s'agit du point de frappe qui fournira le plus de possibilités (sonorité, longueur, etc.) au *bending tone* réalisé par la suite;

- **Les bouts de la latte** peuvent fournir une excellente solution de rechange lorsque le centre est, pour différentes raisons (flexibilité, vélocité, etc.), plus difficile à atteindre. Dans ce cas, le *bending tone* sera presque aussi réussi. Il faut toutefois être attentif à bien frapper le plus loin possible de la corde afin de maximiser le résultat sonore;

- La frappe **vis-à-vis de la corde** offrira, quant à elle, un son beaucoup plus feutré tout en faisant ressortir l'attaque de la note choisie. Les mêmes techniques de *bending tone* seront utilisées, mais le résultat sera plus subtil. La latte offrira moins de vibration et donc moins de possibilités;

- Le choix d'un point de frappe situé entre ceux déjà exprimés ci-dessus. Cela permettra un compromis entre les différentes qualités de sons déjà énoncées.

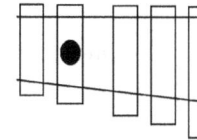

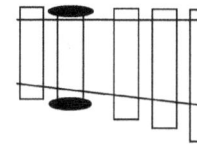

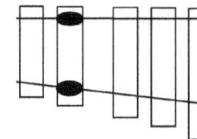

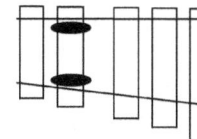

2.3.2.2. Choix des baguettes ou des éléments de frappe

Le choix des baguettes utilisées est infini et dépend d'une multitude de critères allant des goûts personnels aux circonstances particulières. Il est également possible de frapper la note avec toutes sortes d'éléments comme l'autre boule dure, le manche ou même les doigts. Ces façons de procéder offrent d'autres possibilités sonores très intéressantes. Il faut toutefois garder en tête que les possibilités optimales du *bending tone* (longueur et sonorité) seront directement associées à la qualité de la vibration de la latte. Ainsi, par exemple, une baguette exagérément molle produira un son très feutré, mais offrira un peu moins de liberté dans la réalisation du *bending tone*. Il s'agit donc d'une question de choix esthétique.

2.3.2.3. Problèmes possibles lors de la frappe

- Pour les utilisateurs de la tenue Musser (méthode Stevens) qui utilisent les deux baguettes supplémentaires, il peut arriver que l'on entende certains bruits provenant de l'entrechoquement de la surface des deux manches tenus ensemble par l'auriculaire et l'annulaire. Afin de régler ce problème, il suffit de se concentrer sur le bout de l'auriculaire qui doit être en contact avec le manche de la baguette supplémentaire tout en offrant une pression accrue sur celle-ci. Ce petit détail aura pour effet de coller ensemble les deux manches et d'empêcher les bruits indésirables.

- Cible manquée (par exemple, une frappe sur la main ou sur une autre note) : cela peut arriver! Il suffit d'augmenter l'écart entre le point de frappe et la main effectuant le *bending tone*;

- Le son s'éteint tout de suite : réévaluer le point de dépôt de la baguette dure afin de maximiser la possibilité de vibration offerte par la latte;

- Claquement provenant de la latte : le dépôt n'est pas bien effectué ou la pression n'est pas assez grande sur la baguette dure, ce qui peut occasionner un rebond sur la surface de la latte.

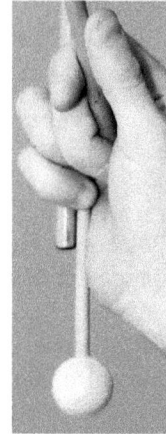

2.3.3. Réalisation du *bending tone* : glissement de la baguette sur la surface de la latte

Le glissement peut être effectué à partir du moment où la latte est frappée. Il suffit alors de bouger la baguette dure sur sa surface tout en maintenant une pression constante avec le poignet sur la baguette, provoquant ainsi un changement dans la vibration de la latte. Le mouvement devrait se faire le plus naturellement possible.

2.3.3.1. Attente (neutre) avant le mouvement

Deux choix s'offrent après la frappe : **glisser immédiatement** ou **attendre avant d'amorcer le mouvement.**

Le concept d'attente sera utile, par exemple, si vous désirez frapper une autre note avant d'amorcer le glissement. Il sera également intéressant de l'utiliser afin d'ajouter de l'expression à la note choisie afin d'avoir dans un premier temps le son « libre » de la note suivi d'un effet lyrique, ce qui permettra, par exemple, d'ajouter de la direction dans le discours mélodique. Cette attente pourra durer aussi longtemps que la latte résonne (jusqu'à plusieurs secondes). Il faut toutefois garder en mémoire que le glissement qui suivra demandera également à être soutenu par cette même vibration. Il est donc important d'évaluer quel sera le résultat escompté après ce moment d'attente afin de garder assez de résonance pour le réaliser.

La réussite de cette attente résultera donc directement de la qualité de la vibration liée à :
- La qualité du dépôt effectué;
- Le point de frappe choisi;
- La pression effectuée sur la latte avec la baguette dure.

2.3.3.2. Déplacements envisageables sur la latte

- Le déplacement le plus simple (mouvement de base) s'effectue à partir de la corde du bas vers le centre de la surface de la latte et permettra la réalisation d'un *bending tone* d'environ ½ ton;

- Le même résultat peut être obtenu en partant de la corde du haut vers le centre;

- Le départ de la corde vers le bout de la latte produira lui aussi un ½ ton de *bending tone*, mais offrira moins de possibilités et de subtilités sonores étant donné qu'il estompe plus rapidement la vibration de la latte;

- Le point d'arrivée peut différer puisqu'il est évidemment possible de continuer ou d'arrêter le glissement à n'importe quel endroit sur la latte[3].

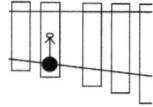

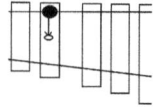

2.3.3.3. Direction du manche

À partir de la position de base choisie lors du dépôt, il est possible de bouger la baguette selon trois types de déplacements : le déplacement en parallèle, le déplacement en angle et le déplacement en rotation.

2.3.3.3.1. Déplacement en parallèle

Le déplacement en parallèle est réalisé selon trois mouvements de base qui suivent la direction donnée lors du dépôt[4].

a) 1er mouvement

Par exemple, si la baguette est déposée de façon à ce que la boule soit située entre le musicien et le manche, il suffira de suivre la direction de la latte.

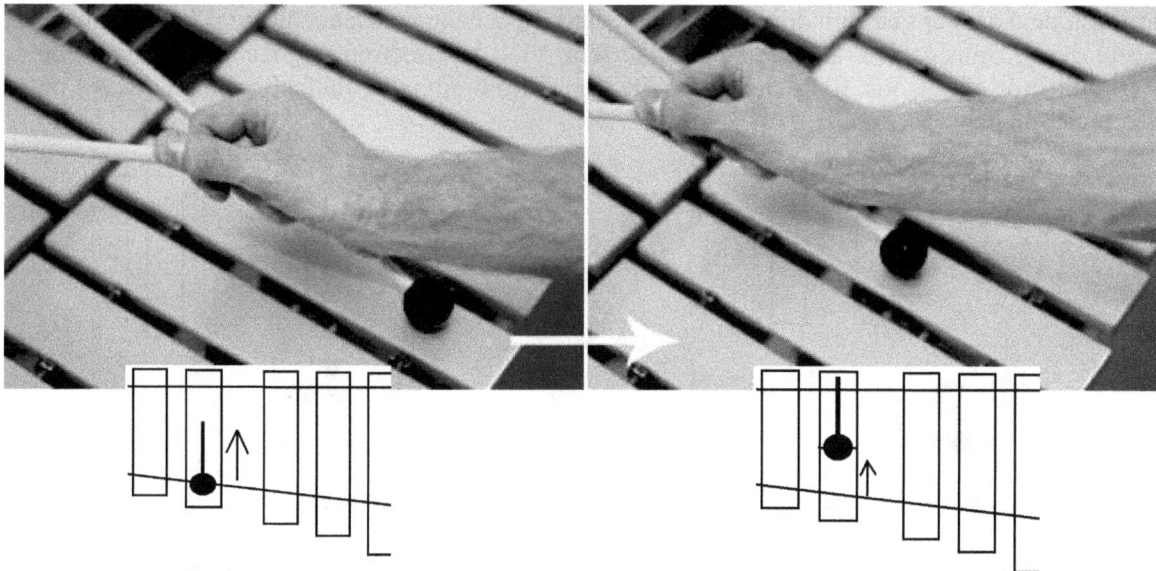

---

[3] Voir chapitre 3 : Types de *bending tone*

[4] Voir chapitre 2 : Méthode de réalisation du *bending tone* au vibraphone

b) 2e mouvement

La situation suivante se présente lors d'un dépôt sur la corde la plus éloignée du musicien. Le mouvement se fait également de façon parallèle. Toutefois, contrairement à la première possibilité (alors que le mouvement se faisait en avançant), cette fois-ci le poids donné par le poignet poussera la baguette vers le centre de la latte (donc vers le musicien). Même s'il peut se révéler un peu plus laborieux au début, ce mouvement vaut la peine d'être pratiqué et maîtrisé puisqu'il vous permettra par la suite de développer une flexibilité similaire au premier mouvement.

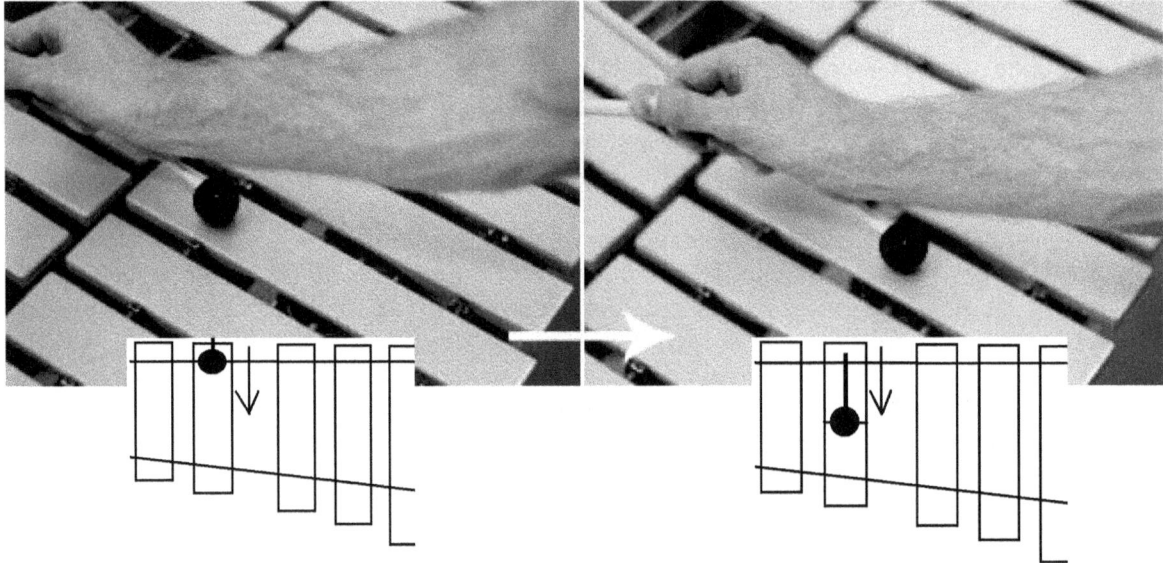

Enfin, il peut arriver que l'on doive inverser le sens de la baguette (manche entre le musicien et la boule dure). Dans ce cas, le *bending tone* se fera selon la direction donnée lors du dépôt de la façon illustrée ci-dessous. Cette façon de faire permettra d'atteindre de façon plus fluide les notes du clavier du bas.

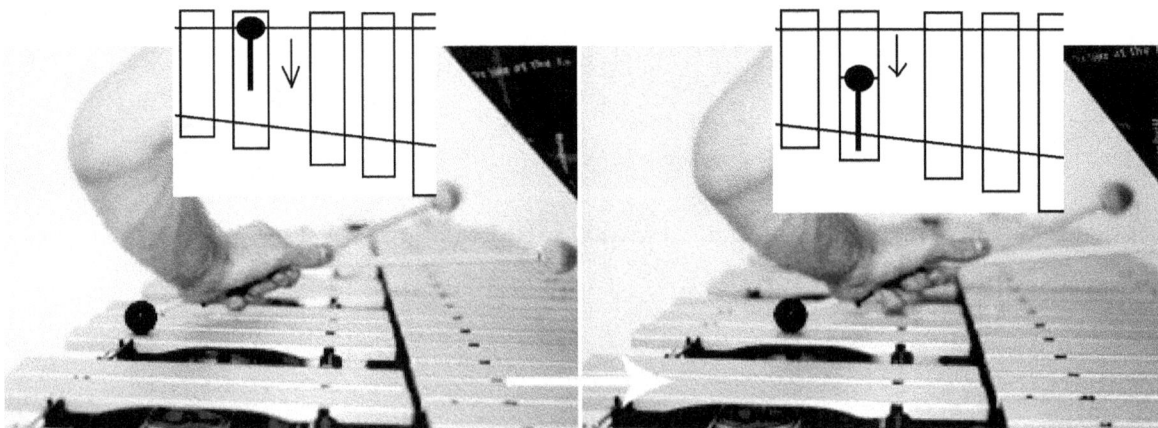

2.3.3.3.2. Déplacement en angle

Le deuxième type de déplacement reprend simplement les trois mouvements développés dans le déplacement parallèle, mais en offrant un angle entre la latte et la baguette. Cela permet, par exemple, de préparer l'attaque de la prochaine note par la main faisant le *bending tone* ou de libérer la surface de frappe[5].

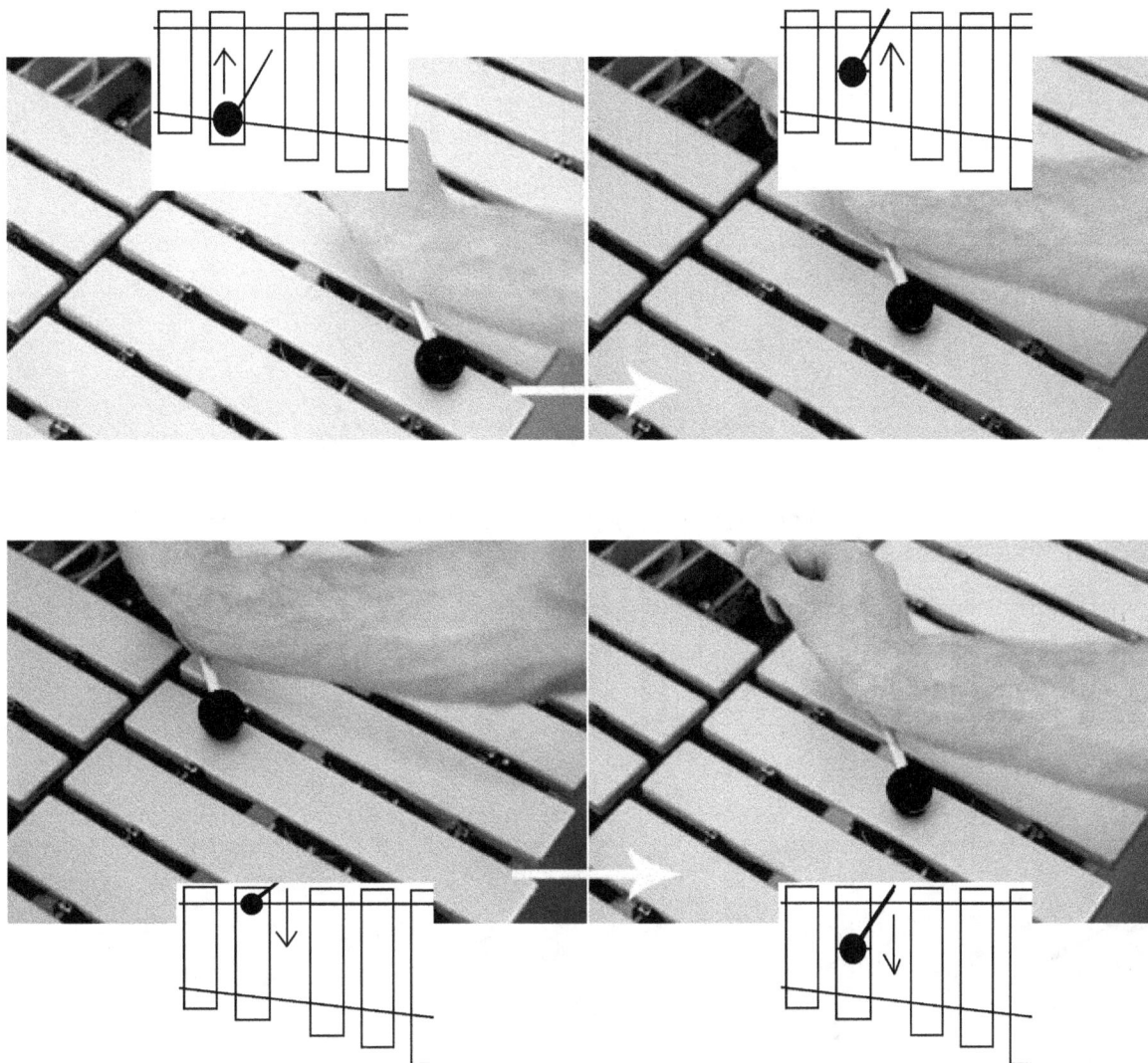

---

[5] Ce type de déplacement est utile dans les passages rapides offrant peu de temps pour la préparation de la frappe.

2.3.3.3.3. Déplacement en rotation

Enfin, le troisième type de déplacement reprend encore une fois les trois mouvements de base tout en exigeant simultanément une rotation. Cela permettra d'anticiper, lorsque c'est nécessaire, une prochaine note frappée par la main effectuant le glissement.

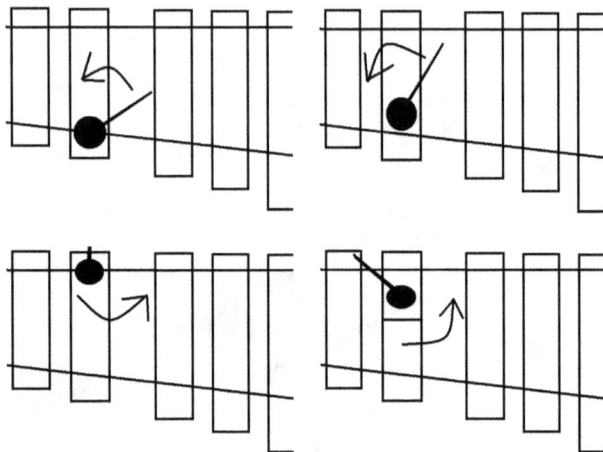

Contrairement aux deux premiers types de déplacements, celui-ci nécessite de changer l'angle de la baguette en cours d'exécution.

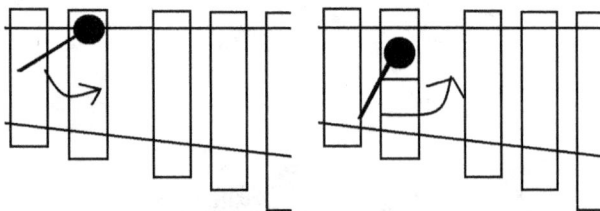

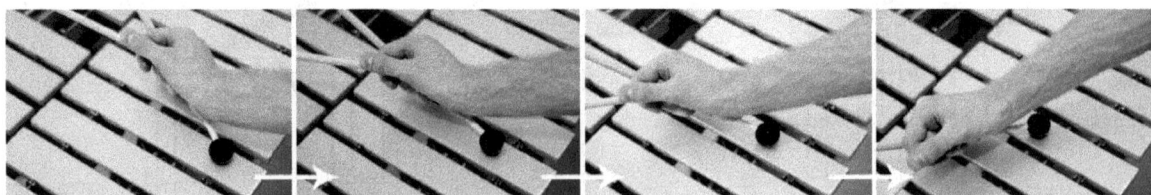

À noter : La position inversée sur la 2ᵉ corde du clavier supérieur (3ᵉ mouvement expliqué précédemment) exigera de se pencher au-dessus de l'instrument.

2.3.3.4. Surface de déplacement et point d'arrivée du *bending tone*

La surface de déplacement ainsi que le point d'arrivée dépendront du type de *bending tone* choisi[6].

2.3.3.5. Vitesse d'exécution

La vitesse d'exécution dépendra également du résultat recherché. Il importe toutefois de garder à l'esprit qu'à partir du moment où le glissement est entamé (départ de la boule du nœud (corde)), la vibration de la latte commence immédiatement à s'estomper, ce qui laisse une marge de manœuvre réduite pour des effets extrêmement lents. Dès lors, la technique d'attente développée précédemment[7] aidera à augmenter ou à varier l'impression de lenteur quelquefois exigée par les circonstances ou la partition.

2.3.3.6. Pression nécessaire

La pression exigée lors du glissement varie selon certaines circonstances (choix esthétiques, tessiture, type de baguette, etc.). On peut généralement ajuster le dosage en s'imaginant que la baguette pénètre la note, un peu comme du beurre mou. En effet, le travail de visualisation peut s'avérer très utile afin de bien associer le résultat sonore souhaité à une sensation tactile et mentale.

Information spécifique concernant les registres de l'instrument :
- Le registre central du vibraphone offre les meilleures possibilités de *bending tone* et la pression nécessaire est facile à déterminer;
- En ce qui concerne les registres extrêmes, un ajustement est quelquefois nécessaire afin d'arriver à un résultat semblable. En effet, étant donné la différence de vibration (plus large dans le grave et plus rapide dans l'aigu), la portée du *bending tone* est un peu diminuée et les harmoniques ont tendance à ressortir davantage, ce qui peut occasionner des sons désagréables lorsqu'il y a manque de contrôle. La pression devra donc être ajustée (normalement un peu augmentée) et demandera une attention particulière;
- Il est également envisageable de varier la pression afin d'obtenir des sonorités différentes. Par exemple, dans le registre grave de l'instrument, il est possible, en relâchant le poids sur la baguette, de faire ressortir les harmoniques aiguës de la note, ce qui offrira un son tout à fait différent.

En résumé, il importe d'adapter la pression exercée selon les registres et même selon les vibraphones utilisés. Certains types de *bending tone* seront en effet beaucoup plus difficiles à réaliser dans les extrêmes, mais restent en général accessibles presque partout sur l'instrument.

2.3.3.7. Problèmes possibles lors du glissement

- Les bruits parasitaires causés par l'entrechoquement de la boule dure et de la latte proviennent normalement d'une mauvaise adaptation de la pression. Dans ce cas, il n'y a pas de formule magique si ce n'est la pratique et la recherche de symbiose avec l'instrument. Avec le temps, vous pourrez en effet ressentir la pression exigée pour atteindre les résultats escomptés (ésotérique mais réaliste!);
- La propreté de la surface de la latte peut parfois être la source de problèmes similaires. Dans ce cas, il suffit de la nettoyer;

---

[6] Voir chapitre 3 : Types de *bending tone*
[7] Voir 2.3.1.1 : Réalisation du *bending tone* : dépôt de la baguette dure

- Le matériau de la boule dure peut aussi influencer la qualité du *bending tone*. Par exemple, le caoutchouc aura tendance à coller sur la latte et donc, à arrêter la vibration.

2.3.4. Réalisation du *bending tone* : départ de la latte par la baguette dure

Vous avez pu constater qu'à chacune des étapes, le but ultime de l'exercice consistait à contrôler, dans la mesure du possible, la vibration de la latte. Cette quatrième étape n'y fait pas exception. Cette dernière est très importante puisqu'elle sert de transition vers la note suivante.

De façon générale, il y a deux façons de terminer le *bending tone* et de quitter la surface vibrante : en arrêtant la vibration par une pression accrue ou en laissant à nouveau résonner la latte librement.

La première option est la plus simple puisqu'elle évite les bruits indésirables pouvant être causés par la séparation de la baguette avec la latte qui vibre encore. De plus, l'arrêt de la vibration avec la boule dure permet de réduire l'utilisation des techniques d'étouffement conventionnelles.

Cette option nécessite toutefois une bonne perception de la vibration de la latte afin d'augmenter la pression nécessaire pour la minimiser au moment voulu. Par exemple, on pourra augmenter le poids donné à mesure que l'on se rapproche de la fin du *bending tone* de façon à ce que celle-ci coïncide avec la mort du son et la frappe de la prochaine note.

Il est également possible de redonner la liberté de vibration à la latte à la fin du *bending tone*. Cette façon de faire est plus complexe, car elle nécessite de quitter la surface qui vibre encore en évitant les bruits indésirables provenant de l'entrechoquement de la boule dure avec la latte. Pour ce faire, on doit simplement chercher à raccourcir le plus possible le temps de réaction.
On notera que cette méthode est quelque peu facilitée par un retour sur la corde (nœud), où une vibration moindre permet un relâchement plus en douceur (voir chapitre suivant).

Enfin, vous pouvez littéralement « sortir » de la note en effectuant le glissement vers le bout de la latte et en continuant jusqu'à ce que la baguette ne soit plus en contact avec la surface de celle-ci.

3. Types de *bending tone*

3.1. *Bending tone* simple

Le *bending tone* simple est caractérisé par l'abaissement de la note de base d'environ ½ ton et trouve le point d'arrivée de son glissement au **centre** ou à l'**extrémité** de la latte.

Il peut être utilisé de deux façons :

- Pour remplir l'espace sonore entre deux notes puisque ce type de *bending tone* peut être utilisé entre n'importe quel son ascendant ou descendant. La réalisation la plus efficace sera toutefois effectuée entre deux sons descendants rapprochés. Pour un résultat optimal, l'intervalle de ½ ton sera privilégié;
- De façon continue, soit à travers des traits ou des jeux d'intervalles. Utilisé à une vitesse accrue, on aura même momentanément l'impression d'un effet résultant de l'utilisation du moteur. Cela permet ainsi d'accentuer l'indépendance de deux voix en créant une sonorité très différente entre les lignes musicales.

3.2. *Bending tone* double

Le *bending tone* double reprend essentiellement les mêmes procédés que le simple, mais plutôt que de s'arrêter au centre de la latte, le glissement continue jusqu'à la corde opposée. Ce *bending tone* comprend deux parties : l'abaissement d'un ½ ton (entre la corde et le centre) suivi du rehaussement d'un ½ ton (entre le centre et l'autre corde) pour revenir à la hauteur de la note de base.

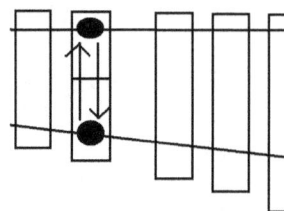

Un résultat similaire peut être atteint de deux autres façons :

- En « sortant » de la note, c'est-à-dire en effectuant le glissement à partir de la corde vers le bout de la latte et en continuant jusqu'à ce que la baguette ne soit plus en contact avec la surface de celle-ci (retour à la note de base de façon plus subtile).

- En faisant un aller-retour entre la corde et le centre ou le bout de la latte (résonance moins accentuée).

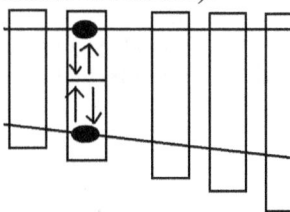

On peut également contrôler, de façon approximative, le rythme donné aux trois notes qui ressortent de l'ensemble de ce type de *bending tone* (note de base, note ½ ton plus bas, retour à la note de base). Il s'agit simplement de varier la vitesse en cours d'exécution pour réaliser des figures rythmiques très simples[8].

---

[8] Voir chapitre 6 : Graphologie et recherche sonore

Le *bending tone* double peut être utilisé de plusieurs façons :

- Exploité comme une simple couleur puisque la hauteur du son revient à son point de départ à la fin de celui-ci (hauteur du son) et ne dégage pas nécessairement une impression de direction ou de mouvement;
- Utilisé pour glisser d'une première note vers une seconde note plus aiguë. En effet, l'effet de fioriture vers le bas peut offrir un élan vers une note supérieure;
- Réalisé de façon continue (aller-retour continu entre les deux cordes), ce *bending tone* pourra donner l'effet créé par l'utilisation du moteur.

Tout comme le *bending tone* simple, le double est également efficace lorsqu'il est utilisé de façon répétée, soit à travers des traits ou des jeux d'intervalles[9].

Enfin, ce *bending tone* peut être élargi en triple *bending tone* en continuant simplement le glissement vers le bout de la latte. Il en résulte une série de quatre sons approximatifs : note de base, note ½ ton plus bas, retour à la note de base et note ½ ton plus bas. Dans ce cas, l'effet de double fioriture qui s'achève vers le bas peut offrir un élan vers une note inférieure. On peut même continuer le mouvement en « sortant » de la surface vibrante, ce qui résultera en un retour à la note de base (*bending tone* quadruple)[10].

3.3. Note répétée et hors du ton

La note répétée et hors de ton est en fait le résultat d'un glissement réalisé en même temps que la latte est frappée de façon répétée. Le résultat donne l'impression de plusieurs notes descendantes sortant progressivement du ton. Ce type de *bending tone* peut être utilisé comme un jeu de couleurs et offre des avantages intéressants puisque la frappe répétée entretient la vibration de la latte et que les possibilités rythmiques sont illimitées.

Le *bending tone* en notes répétées hors du ton pourra être utilisé de plusieurs façons puisque :

- Le nombre de coups donnés pendant le *bending tone* peut varier, permettant par exemple de donner une couleur à une suite de notes;
- La note répétée est efficace pour accentuer un retard (par le ralentissement des coups donnés) ou amorcer une accélération (inverse).

3.4. Utilisation indépendante de la baguette dure

L'emploi direct de la baguette dure offre une panoplie de sonorités inusitées et très intéressantes, tout en permettant également une application sur d'autres types d'instruments utilisés dans un montage (crotales, triangle, cymbale, glockenspiel, xylophone, enclumes, etc.).

De plus, il est possible de réaliser ce que je qualifie de *bending tone* direct, c'est-à-dire que la frappe provient d'un dépôt bruyant de la baguette dure vis-à-vis de la corde tout en exerçant immédiatement une pression et en enchaînant avec le glissement. L'ensemble de ce mouvement est effectué avec une seule main. La résonance sera moins prolongée, mais le résultat sonore en vaut la peine.

Enfin, la recherche sonore liée à l'emploi indépendant de la baguette dure est presque illimitée :

- Elle peut être utilisée pour frapper directement sur la surface de la latte (son très clair et très percussif);

---

[9] Voir chapitre 4 : Transition et doigtés
[10] Un résultat similaire peut également être obtenu par l'aller-retour du *bending tone* double (tronqué ou non selon les besoins).

- Il est aussi possible d'effectuer les *bending tone* tout en réalisant la frappe avec l'autre baguette dure;
- Les coups directs de la baguette dure sur la surface de la latte peuvent également être adjoints à des coups de baguettes plus molles pouvant faire office d'appogiatures;
- On peut faire ressortir les harmoniques de la note en appuyant légèrement une baguette au centre de la latte et en frappant sur l'une des deux cordes.

En conclusion, toutes les combinaisons et les utilisations possibles impliquant les boules dures sont à rechercher puisqu'elles ajoutent de la couleur au langage musical.

4. Transition et doigtés

4.1. Transition vers une autre note

Du point de vue technique, il y a deux façons d'aborder la frappe de la note suivant le *bending tone* :

a) **Avec la main qui vient d'effectuer le glissement** (la même main sert subséquemment de moteur de glissement – avec la boule dure – et de moteur de frappe – avec l'une des deux baguettes normales);

b) **Avec la main qui a déjà frappé**, ce qui nécessite une répétition de l'action (même fonction à chaque main).

La première option aura pour résultat le *bending tone* alterné, tandis que la deuxième pourra, entre autres, être utilisée afin d'exécuter des traits mélodiques[11].

4.2. Le *bending tone* alterné

Grâce à la tenue de baguettes expliquée précédemment (chapitre 1), la frappe de la note suivante peut être faite avec la même main qui effectue le glissando sur la latte. Ainsi, pendant que la première main exécute le glissement, la deuxième peut réaliser son dépôt sur une autre latte et se préparer à recevoir la frappe qui proviendra de la première main. Répété plusieurs fois, l'ensemble de ces mouvements créera une alternance des *bending tone*.

Il est quelquefois beaucoup plus facile d'aller frapper le bout d'une latte plutôt que de tenter des manœuvres complexes afin d'en atteindre le centre, spécialement lorsqu'il s'agit de rejoindre le clavier d'en haut à partir de celui d'en bas. À ce titre, la maîtrise des types de déplacements sera très utile[12].

4.3. Les *bending tone* parallèles

Les *bending tone* parallèles (deux *bending tone* simultanés) sont réalisables grâce au contrôle du concept d'attente (neutre)[13]. Il s'agit :

a) D'effectuer le dépôt de la première baguette dure sur la corde d'une première latte et de la frapper avec une autre baguette. Ne pas commencer le glissement;

b) D'exécuter le dépôt de la deuxième baguette dure sur une autre latte (la première étant en attente);

c) De frapper cette deuxième latte avec l'une des baguettes libres de la première main;

d) D'effectuer le glissement des deux notes simultanément.

4.4. Réalisation des traits glissés

Le *bending tone* peut également être appliqué de façon récurrente sur des traits mélodiques, produisant ainsi un effet imitant l'utilisation du moteur[14]. Cette technique est utilisée, par exemple, pour séparer des lignes musicales ou pour donner une couleur particulière à une partie de la mélodie. Pour ce faire, il est possible d'avoir recours à des doigtés particuliers qui permettent de glisser plusieurs notes rapprochées avec une même main et qui offrent une plus grande flexibilité dans la réalisation de traits prolongés (gammes, modes, séries, arpèges, etc.). Le

---

[11] Voir point 4.4. : Réalisation des traits glissés
[12] Voir chapitre 2 : Méthode de réalisation du *bending tone* au vibraphone
[13] Voir point 2.3.3.1. : Attente (neutre) avant la réalisation du *bending tone*
[14] Les types de *bending tone* possibles sont expliqués au chapitre suivant

but de ces doigtés est de minimiser les mouvements inutiles susceptibles de nuire à la réalisation de séquences de *bending tone*.

4.5. Doigtés

4.5.1. Doigtés de base sur un même clavier

Comme expliqué précédemment, le dépôt est réalisable à partir de deux points de départ : la corde du haut et celle du bas[15]. À partir de ce constat, quatre choix de doigtés s'offrent à l'interprète qui désire enchaîner des *bending tone* sur deux notes conjointes (sur un même clavier) et avec une même main.

À noter : Les points noirs correspondent au dépôt tandis que les flèches illustrent les déplacements glissés (flèches foncées) et dans les airs (flèches pâles). La frappe par une autre baguette est sous-entendue dans le schéma[16].

a) Du bas vers le haut (1re note) et du haut vers le bas (2e note) :

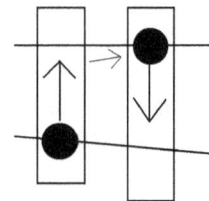

b) Du haut vers le bas (1re note) et du bas vers le haut (2e note) :

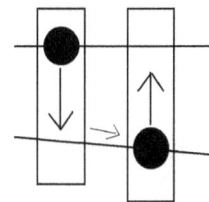

Les deux prochains doigtés peuvent servir à rectifier ou à réaliser une permutation à l'intérieur d'une séquence de *bending tone* et ainsi préparer l'approche d'une note située, par exemple, sur l'autre clavier :

c) Du bas vers le haut (1re note) et du bas vers le haut (2e note) :

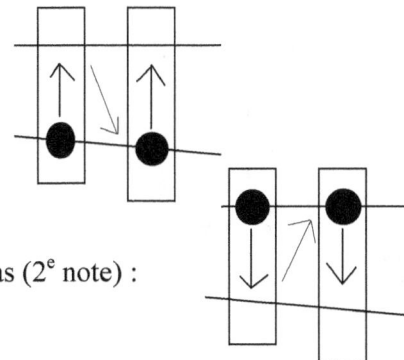

d) Du haut vers le bas (1re note) et du haut vers le bas (2e note) :

---

[15] Voir point 2.3.1. : réalisation du *bending tone* : Dépôt de la baguette dure
[16] Voir point 2.3. : réalisation du *bending tone* pour plus d'informations concernant la position et le déplacement de la baguette.

4.5.2. Doigtés de base avec changement de clavier

Les *bending tone* consécutifs avec la même main en passant d'un clavier à l'autre, par ton ou ½ ton, sont, quant à eux, exécutés en utilisant principalement deux doigtés de base :

Du clavier du bas vers celui du haut :
  a) Du bas vers le haut (1re note) et du bas vers le haut (2e note) :

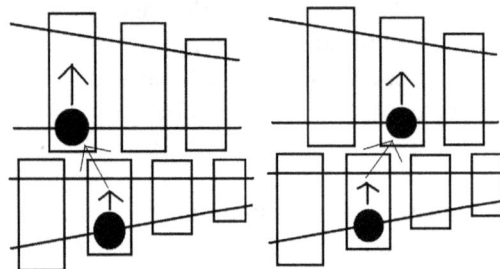

Du clavier du haut vers celui du bas :
  b) Du haut vers le bas (1re note) et du haut vers le bas (2e note) :

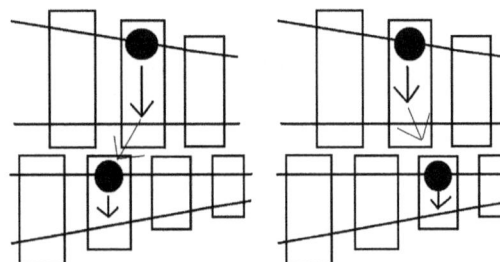

À noter : D'autres doigtés sont possibles, mais beaucoup moins efficaces. En effet, ces doigtés-ci encouragent une économie de mouvement tout en évitant les changements de direction inutiles.

4.5.3. Doigtés de base d'un trait prolongé réalisé sur un même clavier

La réalisation du trait illustré ci-dessous s'appuie sur les *doigtés de base sur un même clavier* illustrés précédemment. Ainsi, chaque main conserve sa fonction respective (frappe ou glissement).

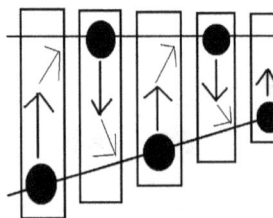

4.5.4. Doigtés de base d'un trait prolongé avec changement de clavier

L'union des *doigtés de base sur un même clavier* et des *doigtés de base avec changement de clavier* permet l'exécution de traits prolongés (trois sons et plus). Voici les quatre principaux doigtés de base à partir desquels la réalisation de gammes, de modes, de séries et d'arpèges divers sera possible. Ici aussi, chaque main conserve sa fonction respective (frappe ou glissement).

Vers le clavier du haut en montant :

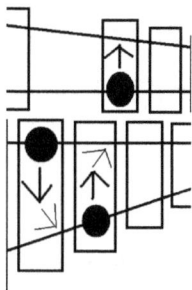

Vers le clavier du haut en descendant :

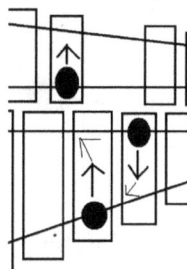

Vers le clavier du bas en montant :

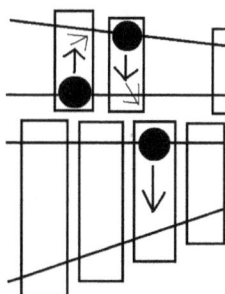

Vers le clavier du bas en descendant :

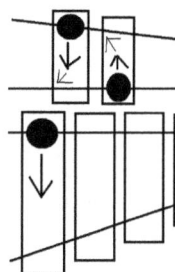

4.5.5. Doigtés de base avec saut d'intervalle

Enfin, le contrôle du saut d'intervalle réduit sera également utile dans certains cas. Il s'agit simplement de reprendre les *doigtés de base sur un même clavier* en élargissant l'intervalle (3ce, 4te et plus) :

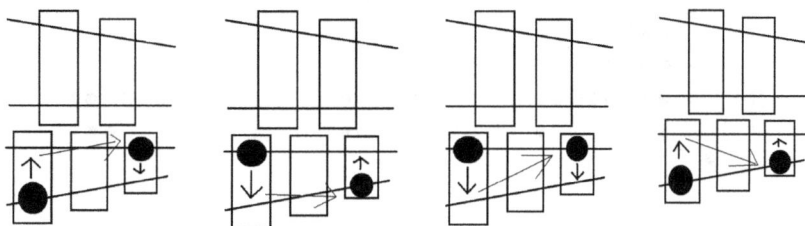

De plus, les sauts d'intervalles avec la même main sont également réalisables entre deux claviers différents :

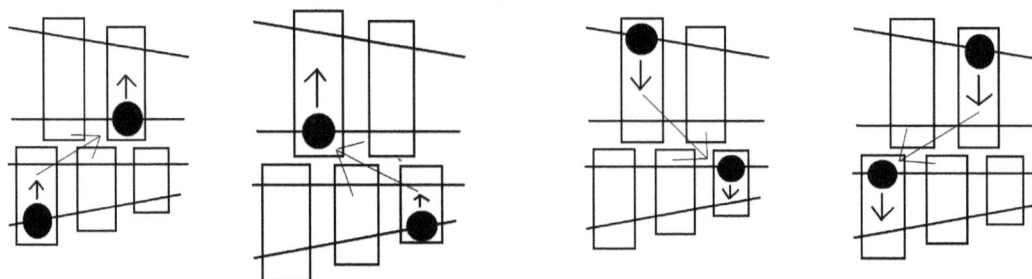

4.5.6. Tableau de doigtés

De façon générale, l'approche la plus simple consiste à utiliser une main pour chacun des claviers afin d'éviter les croisements qui pourraient gêner la fluidité du mouvement. Toutefois, les *doigtés de traits prolongés avec changement de clavier* peuvent s'avérer très utiles, spécialement lorsqu'il y a présence de sauts d'intervalles comme c'est le cas dans certains modes.

○ = frappe avec main droite (dépôt et glissement avec main gauche)
● = frappe avec main gauche (dépôt et glissement avec main droite)

Voici maintenant un tableau de doigtés présentant quelques gammes et arpèges majeurs et mineurs.

À noter : Les deux choix de doigtés donnés diffèrent selon la main de départ et correspondent au trait allant du bas vers le haut. La première colonne offre la possibilité la plus simple tandis que la deuxième propose une option plus complexe, mais plus efficace pour les traits rapides.

Gammes majeures :

Do :	○○○○○○○○	et	●●●●●●●●		
Do# et Ré :	○○●○○○●○	et	●●○○●●○●	○○●●●●○○ et ●●○○○○●●	
Mib et Mi :	○●●○●●○	et	●○○●●○○●	○●●●●○○○ et ●○○○●●●●	
Fa :	○○○●○○○○	et	●●●○●●●●	○○○○●●●● et ●●●●○○○○	
Fa# :	○○○●○○●○	et	●●●○●●○●		
Sol :	○○○○○○●○	et	●●●●●●○●		
Lab et La :	○○●○○●●○	et	●●○○●●○○	○○●●●○○● et ●●○○○●●○	
Sib et Si :	○●●○●●○○	et	●○○●○○●●	○●●●○○○● et ●○○○●●●○	

Arpèges majeurs :

Do, Fa, Fa# et Sol :	○○○●	et	●●●○
Do#, Ré, Mib, Mi, Lab, La :	○●○○	et	●○●●
Sib et Si :	○●●○	et	●○○●

Gammes mineures harmoniques :

Do :	○○●○○●○○	et	●●○●●○●●	○○○●●●○○ et ●●●○○○●●
Do# :	○○●○○●○●	et	●●○●●○●○	○○○●●●○○ et ●●●○○○●●
Ré :	○○○○●●○	et	●●●●●○○●	

Mib :	○●○○○●●○	et	●○●●●○○●		
Mi :	○●○○○●●○	et	●○●●●○○●	○●○○○●●○ et ●○●●●○○●	
Fa :	○○●●○●○○	et	●●○○●○●●	○○●●○○●● et ●●○○●●○○	
Fa# :	○○●●○●●○	et	●●○○●○○●	○○●●○○●● et ●●○○●●○○	
Sol et Lab:	○○●○○ ●●○	et	●●○●●○○●	○○○●●●○○ et ●●○○○●●●	
La :	○○○○○○●○	et	●●●●●●○●	○○○○○○●● et ●●●●●●○○	
Sib et Si :	○●○○●○●○	et	●○●●○●●○	○●●●○○●● et ●○○○●●○○	

Arpèges mineurs :

Do, Do#, Fa, Fa#, Sol et Lab :	○○●●	et	●●○○
Ré, Mib, Mi et La :	○○○●	et	●●●○
Sib et Si :	○○●○	et	●●○●

5. Autres concepts

5.1. Intégration du *bending tone* dans un jeu fluide (lien avec la note précédente, simultanée ou suivante)

La fluidité est un concept important qui ajoutera beaucoup de cohérence à l'utilisation des techniques de *bending tone* élaborées ici. En fait, celles-ci visent à ajouter des possibilités sonores et à élargir la palette de couleurs de l'instrument. Il importe de les intégrer de façon à ce qu'elles fassent partie intégrante du discours musical au lieu de faire seulement office d'effets momentanés.

Ainsi, nous l'espérons, les inflexions, les jeux de couleurs et l'indépendance des lignes pourront être abordés sous un autre angle.

5.2. Utilisation de la pédale

Comme expliqué précédemment, le *bending tone* dure jusqu'à la fin de la vibration de la latte, après quoi le son s'éteint tout simplement. Pour l'ensemble des étapes, la pédale doit donc généralement être abaissée puisque le résultat est directement lié à une bonne vibration de la latte. Ainsi, le jeu de pédale influence directement la façon d'exécuter le *bending tone*. Par exemple :

- Une pédale abaissée pour l'ensemble d'un passage oblige un contrôle accru sur la vibration de la latte par la baguette dure (en utilisant plus ou moins de pression) afin de bien maîtriser le découpage des notes suivantes. Par exemple, la note glissée pourra terminer sa vibration juste au moment où la prochaine est frappée, etc.;
- L'utilisation de la pédale de façon modérée peut pallier les résonances qui peuvent quelquefois persister et ainsi libérer le musicien des soucis de contrôle absolu des vibrations;
- La pédale peut également servir à interrompre abruptement un *bending tone* en cours d'exécution (coït interrompu...).

5.3. Position du corps et préparation physique

De manière générale, l'ensemble des techniques abordées dans cette méthode ne requiert aucun ajustement corporel particulier. En fait, si la tenue de base (*grip*) est déjà bien maîtrisée (fluidité du mouvement et position corporelle optimale), cette nouvelle approche devrait s'insérer tout simplement et sans effort, puisque le poids, dans presque tous les cas, provient de l'ensemble du bras et non d'un muscle ou d'un groupe de muscles en particulier.

La seule exception concernera la position particulière utilisée lorsque l'on veut réaliser un *bending tone* en descendant à partir de la corde la plus éloignée du deuxième clavier en vue d'une frappe sur le premier (position inversée). Dans ce cas, les muscles liés à la flexion du poignet ainsi qu'à la motricité de l'annulaire et de l'auriculaire demanderont un peu plus d'attention. Sans surprise, tout comme pour les mouvements liés à chacune des tenues, les étirements constituent la meilleure protection contre les blessures. En voici deux en lien avec ce mouvement en particulier :

a) Pression des doigts vers l'extérieur

L'ensemble des méthodes de mouvement amène le musicien à bien développer les muscles qui permettent de refermer la main (muscles fléchisseurs), mais ne compense pas l'action inverse (muscles extenseurs). L'étirement suivant aidera, entre autres, à développer certains muscles des doigts extérieurs utilisés dans le mouvement illustré ci-dessus. Pour ce faire, il suffit d'utiliser un élastique et d'effectuer plusieurs ouvertures des doigts de la main, comme illustré ci-dessous.

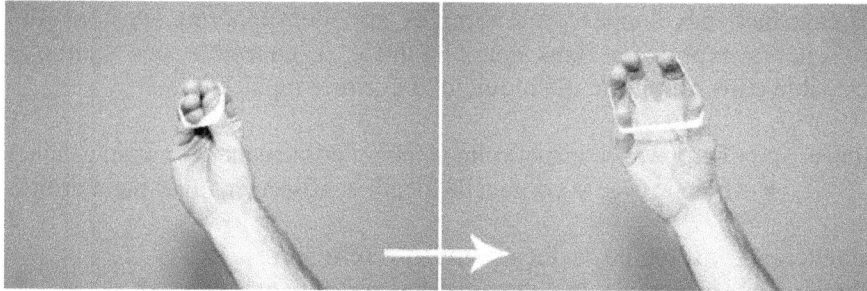

b) Mouvement latéral du poignet

L'étirement suivant permettra de développer les muscles liés au déplacement latéral (abducteurs – vers l'intérieur – et adducteurs – vers l'extérieur) du poignet également exploité dans ce mouvement. Il suffit d'utiliser un élastique de bagage et de répéter le mouvement suivant dans les deux sens.

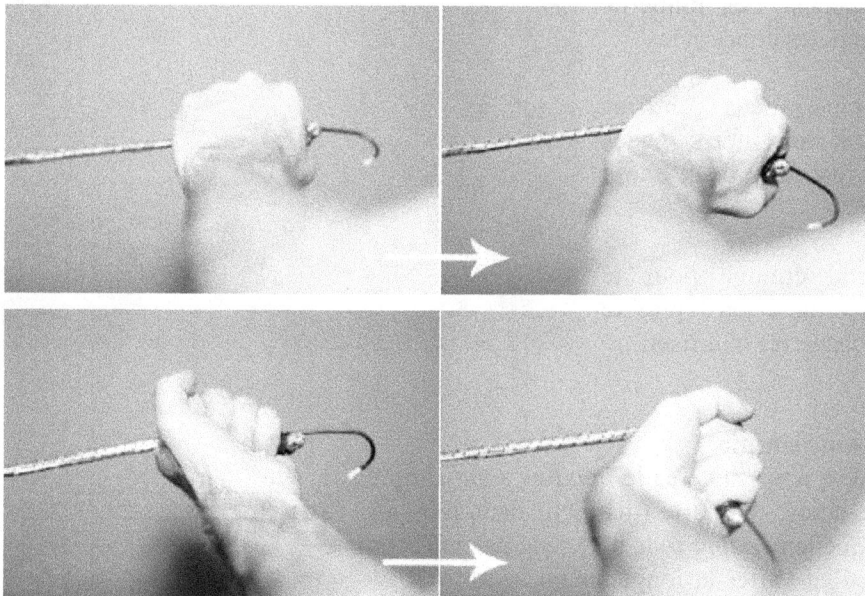

6. Graphologie et recherche sonore

6.1. Graphologie

Voici les outils graphiques de base développés ou empruntés afin de supporter les nouvelles possibilités techniques et sonores expliquées dans cette méthode. L'ensemble des symboles illustrés est facilement accessible dans n'importe quel logiciel d'écriture musicale[17].

6.1.1. Main utilisée

○ = Frappe avec main droite (dépôt et glissement avec main gauche)
● = Frappe avec main gauche (dépôt et glissement avec main droite)

Ces doigtés sont traditionnellement insérés de la façon suivante (ci-contre). Ils indiquent quelle main frappera la surface de la latte et donc présument que l'autre main effectuera les étapes du dépôt, du glissement et du départ lorsqu'un *bending tone* sera réalisé. Lorsqu'ils sont représentés sans autre indication, le choix de la baguette à utiliser dans chaque main est laissé à la discrétion du vibraphoniste.

À noter : Généralement, le musicien préfère déterminer lui-même ses doigtés. L'utilisation de ces symboles est donc facultative.

6.1.2. Numérotation des baguettes

Voici un schéma de la numérotation liée à chacune des quatre baguettes. Ces numéros sont inscrits au-dessus des notes concernées[18].

Dans quelques exceptions, deux chiffres superposés signifieront soit deux notes jouées simultanément ou, le cas échéant, deux choix possibles de frappe.

À noter : Habituellement, comme pour le choix des mains, le musicien préfère déterminer lui-même les baguettes à utiliser.

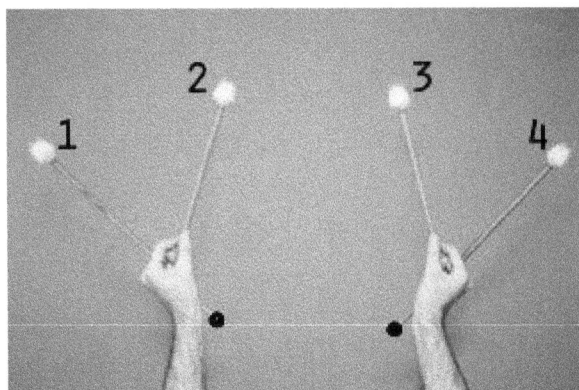

6.1.3. *Bending tone* simple

Le symbole que j'ai élaboré pour illustrer le *bending tone* simple devait répondre à deux critères : la clarté (distinctif dans tous les cas) et la constance (puisque le *bending tone* n'excède pas le ½ ton descendant, il est inutile d'en varier la longueur ou la forme). La réalisation (longueur, rapidité d'exécution, type de sonorité, etc.) sera laissée à la discrétion du musicien. Le symbole pourra être attaché à n'importe quel type de note et sera ordinairement situé à sa droite vers le bas.

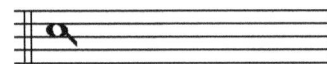

En ce qui concerne l'attente (neutre) avant le glissement, on insérera le signe vis-à-vis de la deuxième note liée comme suit :

---

[17] Il est toujours préférable de fournir un lexique expliquant les symboles non conventionnels aux musiciens.

[18] Il existe d'autres façons de numéroter les baguettes, mais celle-ci me semble la plus claire et la plus efficace.

Dans tous les cas, le musicien devra déposer la baguette dure dès la première note, mais ne commencera le glissement que sur le troisième temps de la mesure. Il faut toutefois faire attention à ne pas trop le retarder puisque, comme expliqué précédemment, sa réalisation est directement liée à la qualité de la vibration de la latte.

Enfin, lorsque l'on voudra illustrer deux *bending tone* simultanés, il suffira d'attacher le symbole à chacune des notes affectées comme suit :

6.1.4. *Bending tone* double

Le symbole du *bending tone* double se doit d'être plus flexible puisqu'il comprend trois sons distincts pouvant être contrôlés. Ce symbole comprend donc une ligne en diagonale vers le bas (comme pour le *bending tone* simple) et une ligne vers le haut (½ ton qui remonte). Tout comme pour le *bending tone* simple, à moins d'un avis contraire, il sera réalisé librement.

Si l'on désire que chacun des trois sons soient rythmiquement contrôlés (note de base, ½ ton plus bas et retour à la note de base), les deux lignes doivent relier les extrémités du groupe de trois notes liées visées (exemple ci-dessous), illustrant ainsi que la note n'est frappée qu'une seule fois et que le contrôle rythmique est attribué au glissement.

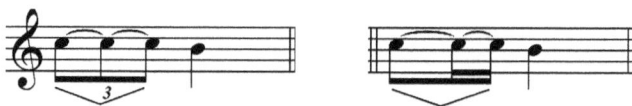

Enfin, plusieurs *bending tone* doubles contrôlés et précédés d'une seule frappe (allers-retours entre les deux cordes) seront symbolisés de la manière suivante :

Il est à noter que chacune des arrivées à l'une des cordes de la latte correspond à l'extrémité d'une ou de plusieurs lignes. Il est aussi possible de varier le rythme.

6.1.5. *Bending tone* triple et quadruple

Le symbole du *bending tone* triple est un prolongement du double il et le complète par l'ajout d'une autre ligne illustrant la descente d'un ½ ton qui s'y rajoute.

C'est la même chose pour le *bending tone* quadruple, auquel on ajoute encore un son (et une ligne) de plus. Comme toujours, chaque extrémité des lignes correspond à une hauteur de note différente. Il est à noter qu'il existe deux possibilités d'exécution : en continuant le glissement vers le bout de la latte ou en effectuant un aller-retour tronqué ou non (selon les besoins) du *bending tone* double[19].

---

[19] Voir chapitre 2 : Méthode de réalisation du *bending tone* au vibraphone

6.1.6. *Bending tone* hors du ton

La graphologie liée au *bending tone* hors du ton est un peu plus complexe puisqu'elle nécessite l'utilisation de deux valeurs de notes superposées. Ainsi, le *bending tone* (simple ou double) est attribué à la note la plus longue, sur laquelle viennent se superposer divers rythmes de frappes répétés, leur ajoutant ainsi un changement de sonorité à mesure que le glissement est exécuté.

Voici un exemple du mélange entre des b*ending tone* simples alternés et hors du ton. Il ne faut pas oublier que le bending tone est toujours associé à la valeur de note la plus longue.

6.1.7. *Bending tone* avec frappe provenant de la deuxième boule dure

Le signe (●) correspond à la baguette dure qui doit accomplir la frappe :

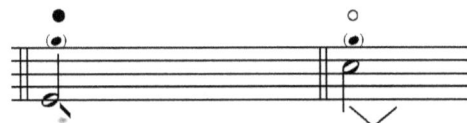

6.1.8. *Bending tone* avec frappe sur le point neutre

Le signe ▬ indique, quant à lui, que la frappe doit être réalisée vis-à-vis de l'une des deux cordes de la latte (points neutres). Lorsque ces deux signes (frappe avec boule dure et frappe sur le point neutre) sont assignés à une même note, deux choix s'offrent au musicien :

a) *Bending tone* direct

Le *bending tone* direct combine un dépôt bruyant (normalement fait en silence) ainsi qu'une pression immédiate vis-à-vis de la corde. Le tout est enchaîné immédiatement avec le glissement (une seule boule accomplit l'ensemble des étapes)

b) *Bending tone* avec frappe indépendante sur l'autre point neutre

Ce *bending tone* est conçu normalement, mais en frappant avec l'autre boule dure sur l'autre corde de la latte.

La première option est la plus polyvalente, et c'est celle-là que je vous conseille d'utiliser pour les exercices s'y rattachant.

6.1.9. *Bending tone* avec jeux d'appogiatures

Lorsque la note d'appogiature présente également un symbole associé au *bending tone* (simple, double, etc.), ce dernier doit être fait pendant la durée de la note à laquelle il est associé, comme l'illustre l'exemple décomposé qui précède la parenthèse. Par exemple, dans ce cas-ci, l'attaque par la baguette dure devra impérativement se faire avec la même main qui effectue le glissement (voir explications au point 6.1.8.).

6.2. Recherche sonore

Voici une liste non exhaustive d'effets sonores originaux poussant encore plus loin la recherche réalisée précédemment. J'y ai également inclus la graphologie qui y correspond :

a) Le *bending tone* double réalisé rapidement et de façon répétée (allers-retours continus entre les deux cordes sur une note en valeur longue) pourra donner l'effet de **trémolo** résultant de l'utilisation du moteur. Attention! Cet effet ne peut être réalisé que sur une courte durée (quelques secondes au maximum) :

b) Le *bending tone* réalisé à partir d'une **frappe du manche sur la latte** :

c) La frappe sur la corde et *after pedaling* :
Il s'agit de frapper la latte vis-à-vis de la corde (alors que la pédale n'est pas en fonction) juste avant d'abaisser la pédale. La frappe peut être réalisée soit avec les boules dures, soit avec les autres baguettes.

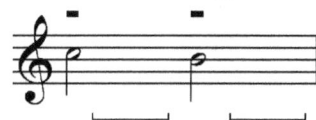

d) Les **jeux d'appogiatures avec notes mortes** (*dead stroke*) et baguette dure :

e) La **frappe retardée** avec une boule dure sur une note résonnante :

f) Le **glissando** sur un clavier **avec une boule dure** :

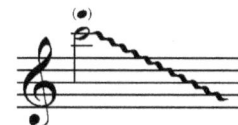

g) Les **coups doubles alternant** la **frappe normale** et la **frappe avec** la **boule dure** :

h) Les **coups doubles alternant** la **frappe en note morte**[20] (*dead stroke*) ainsi que la **frappe d'une boule dure** :

---

[20] La note morte (*dead stroke*) est un procédé par lequel la latte est frappée, mais ne résonne pas puisqu'on y applique immédiatement une pression accrue avec la baguette.

i) L'**accentuation des sons** résultant du *bending tone* (simple ou double) :

j) *Le bending tone* direct avec **ajout de frappes pendant le glissement** :

k) Les **harmoniques** :

Le symbole suivant représente l'effet d'harmonique réalisé en mettant une légère pression sur le centre de la latte avec un doigt ou une baguette (dureté moyenne) et en frappant sur l'un des points neutres (vis-à-vis de l'une des cordes).

La frappe, réalisée sur la note la plus grave (l'autre illustrant le son obtenu), peut également provenir d'une des boules dures comme c'est le cas ici

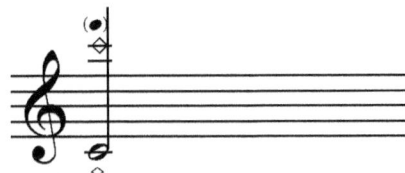

Conclusion

L'élaboration de cette méthode coïncide avec la recherche d'une nouvelle signature musicale (techniques nouvelles dans l'approche instrumentale) visant à rehausser l'intérêt voué au vibraphone dans le contexte de création musicale actuel.

En effet cette nouvelle approche laisse entrevoir un grand potentiel du point de vue esthétique. Elle permet d'accroître l'éventail musical de l'instrument tout en amplifiant les possibilités tant du point de vue de l'écriture de la musique que de celui du niveau technique du musicien désirant élargir son vocabulaire (flexibilité, virtuosité, possibilités sonores, etc.).

2ᵉ partie – Exercices pratiques

1. Introduction aux exercices
La deuxième partie présente des exercices visant à cibler plus particulièrement chacun des types de *bending tone* ainsi que leurs possibilités rattachées. De plus, ils sont construits de façon à intégrer naturellement les différents sujets abordés dans le texte. Il suffira donc de s'y référer pour toute question complémentaire aux notes déjà écrites.

2. Guide d'utilisation des exercices
Le guide d'utilisation qui suit constitue une excellente façon d'aborder les exercices pratiques. En effet, on devrait suivre toutes les étapes indiquées en commençant lentement et en accélérant à mesure que la matière est maîtrisée.

Évidemment, comme le temps est souvent compté, vous pouvez également respecter les étapes suivantes en partie seulement, selon vos besoins ou selon le temps que vous êtes en mesure d'accorder à l'apprentissage de cette technique.

3. Étapes à suivre pour chacun des exercices :
a) Pratiquer les différentes possibilités de dépôt de façon **silencieuse**;

b) Pratiquer l'ensemble des mouvements **sans l'utilisation de la pédale** afin de concentrer le travail sur les différents mouvements (dépôt, frappe, glissement, départ de la latte);

c) Pratiquer l'ensemble des mouvements en utilisant la pédale et **en éteignant (étouffement) le *bending tone* au centre de la latte avec la baguette dure en mouvement** (donc augmentation de la pression vers le centre). On peut utiliser la formule rythmique : croche (frappe) et croche (étouffement du son). Le but est de travailler le contrôle de la pression et, ultimement, de contrôler la vibration de la latte;

d) Faire l'exercice **en étirant la durée du *bending tone*** le plus longtemps possible. Cela permet de travailler l'étape du glissement;

e) Faire l'exercice **en intégrant l'attente**[21]. Pour ce faire, il suffit d'attendre le plus possible avant de réaliser chacun des glissements;

f) **Faire une réalisation normale et accélérer** en utilisant le métronome;

g) Refaire chacune des étapes **en transposant à partir de toutes les notes possibles** lorsque spécifié.

4. Notes
- Lire le chapitre 6 (Graphologie et recherche sonore) pour plus de détails concernant les symboles utilisés;
- **Important :** Tous les exercices consacrés au *bending tone* simple peuvent également être travaillés en *bending tone* double;

---

[21] Voir point 2.3.3.1. : Attente (neutre) avant la réalisation du *bending tone*

- **Important :** Dans la majorité des cas, il existe deux possibilités de dépôts de base (corde du haut ou du bas). Lorsque c'est possible, il sera important de travailler les exercices des deux façons;
- Lorsque le numéro de baguette n'est pas indiqué, vous pouvez utiliser celle qui vous convient;
- Lorsque le doigté n'est pas indiqué, les exercices doivent être travaillés à partir des deux mains;
- Chacun de exercices sont séparés par des doubles barres et peuvent être répétés en boucle;
- Le début des groupes d'exercices offre habituellement un échantillon de l'utilisation adéquate de la pédale. Lorsque ce n'est pas le cas, chaque exercice doit être réalisé avec la pédale enfoncée et le contrôle des résonances est assumé par les baguettes seulement;
- Les exercices couvrant l'ensemble des intervalles de façon chromatique sont également réalisables sur toutes les gammes, arpèges et modes au besoin;
- Toujours mettre l'accent sur la direction musicale. Par exemple, si le *bending tone* sert de transition entre deux notes, il devrait être effectué de manière à ce que la première note s'étire en direction de la deuxième;

5. Exercices

Avant-propos : Les notes qui précèdent certains exercices servent soit de complément, soit d'aide mémoire, mais l'ensemble de la démarche de travail à appliquer est expliqué dans les *Étapes à suivre pour chacun des exercices* ainsi que dans les *Notes* qui introduisent cette deuxième partie.

Le musicien voulant commencer une bonne démarche concernant les *bending tone* devrait prendre le temps de les lire attentivement avant de faire les exercices qui suivent.

Bending tone simple

♫ : Dans un premier temps, chaque exercice devrait être travaillé **très lentement** afin de **bien ressentir toutes les inflexions qui mènent vers le ½ ton plus bas**. Vous pourrez en profiter pour expérimenter diverses intensités de pression afin d'être en mesure de réaliser un *bending tone* très long ou encore avec un étouffement de la note avec la baguette de glissement au moment voulu.

♫ : **Les exercices 1 à 12 devraient être transposés partout sur le clavier.**

♫ : **Attention à la direction musicale**. Le *bending tone* doit servir de pont entre les deux notes et être « dirigé » ou « étiré » vers le son suivant.

♫ : Grâce à l'**étouffement réalisé par la baguette de glissement**, le son provenant de la première note devrait s'arrêter dès que la suivante est frappée.

8

Bending tone simple avec rotation de la main de frappe

♩ : Exercices **similaires avec une rotation** de la main effectuant la frappe.

9

10

11

12

Glissement et frappe de la note suivante avec la même main

♩ : Attention à l'égalité du son.

♩ : Dans les exercices suivants, le **point de frappe de la deuxième** note se situera sur le **bout** de la latte.

♩ : Exercices à maîtriser en **position inversée à partir de la corde la plus éloignée** (le plus efficace) **et en position normale** (nécessite une coupure du son).

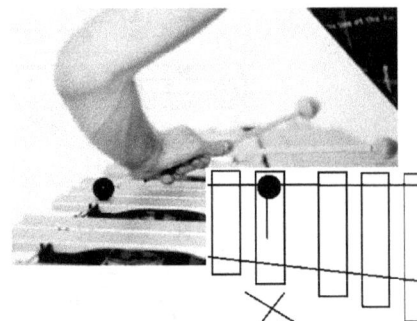

♩ :Exercices 25 to 72 should be transposed in all keys and keyboard ranges;
♩ : **Mallet numbers are suggestions only**. Depending on the transposition, the choice of mallets, the placement and the strike should be adjusted;

 2/27/2014 © André Cayer –Le vibraphone et le *bending tone;* Vers une nouvelle approche sonore – Oliphanz Productions

17
3
18
3
19
3
20
3
21
3
22
3
23
3
24
3
25
1
26
1
27
1
28
1
29
1
30
1
31
1
32
1
33
1
34
1
35
1
36
1
37
4
38
4
39
4
40
4
41
4
42
4
43
4
44
4
45
2
46
2
47
2
48
2

Glissement et frappe de la note suivante avec la même main (enchaînement)

♫ : **Les exercices 73 à 80 devraient être transposés partout sur le clavier.**

♫ : Il est important de **bien choisir l'endroit le plus stratégique pour le dépôt** afin de rendre l'exercice le plus fluide possible.

Bending tone alternés
Possibilités de base :

Toutes les possibilités :

♫ : **Les exercices 89 à 114 devraient être transposés partout sur le clavier.**

♫ : Il est important de **bien choisir l'endroit le plus stratégique pour le dépôt** afin de rendre l'exercice le plus fluide possible.

♫ : **Répéter chaque exercice** au besoin, puis enchaîner avec les exercices 101 à 114.

Exercices chromatiques (également possibles à partir de toutes les gammes, modes et arpèges)

♫ : Déplacement en **rotation** et en **position inversée** nécessaires à certains endroits.

2/27/2014 © André Cayer –Le vibraphone et le *bending tone; Vers une nouvelle approche sonore* – Oliphanz Productions

91

92

93

94

95

96

2/27/2014 © André Cayer –Le vibraphone et le *bending tone;* Vers une nouvelle approche sonore – Oliphanz Productions

102

Glissement et frappe simultanée des deux notes suivantes avec la même main

♫ : Utiliser la **position inversée au besoin**.

♫ : Certaines transpositions exigent un **déplacement plus important ayant pour résultat une coupure du son** (la plus courte possible) entre le *bending tone* et le groupe de notes.

♫ : **Porter une attention particulière à l'égalité du son entre le *bending tone* et le groupe de notes frappé.**

103   **104**   **105**   **106**

107   **108**   **109**   **110**

111   **112**   **113**   **114**

Glissement suivi d'un accord de quatre sons

139

140

Deux *bending tone* conjoints dont le glissement est réalisé avec la même main (incluant les changements de clavier)[22]

♫ : **Note répétée** avec **permutations des points de dépôt** (voir l'illustration associée à chacune des notes).

♫ : Exercices **153 et 154 à répéter jusqu'à ce que le mouvement soit fluide** et que le résultat sonore du *bending tone* soit équivalent peu importe le point de dépôt.

♫ : Porter une **attention particulière à la baguette de frappe**, qui doit contourner celle effectuant le *bending tone* afin d'utiliser un point de frappe constant (au centre). Dans une deuxième temps, il sera également possible de réaliser les exercices en frappant sur l'extrémité de la baguette.

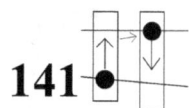 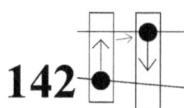

---

[22] Vous retrouverez des propositions des doigtés de gammes et d'arpèges dans la partie précédente à la section *Tableau des doigtés* (4.5.6.).

♫ : **Permutations :** deux notes successives avec **quatre permutations des points de dépôt** (voir l'illustration associée à chacune des notes).

♫ : Les exercices 155 à 162 doivent être maîtrisés **en descendant également.**

♫ : **Deux notes successives sur deux claviers différents** (voir l'illustration associée à chacune des notes ou groupes de notes).

♫ : **Deux notes successives** (alternance des mains).

163 164 165 166

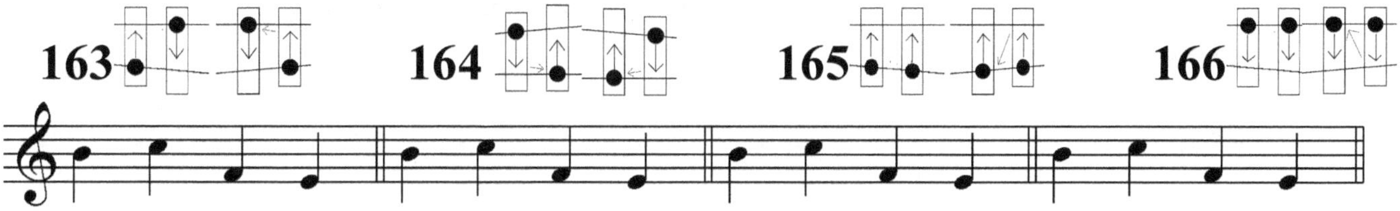

167 168 169 170

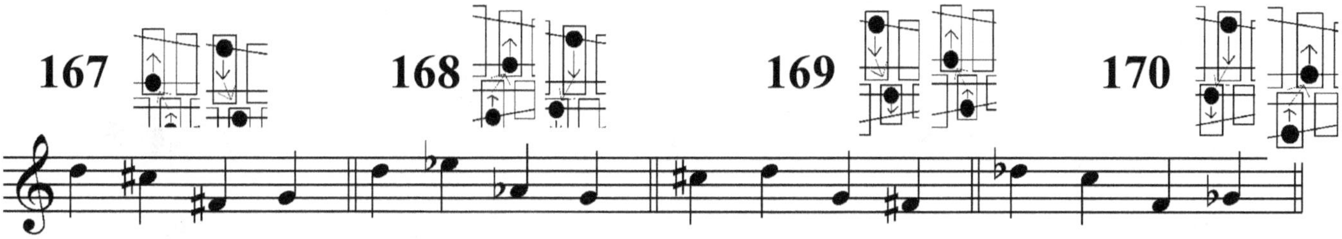

171

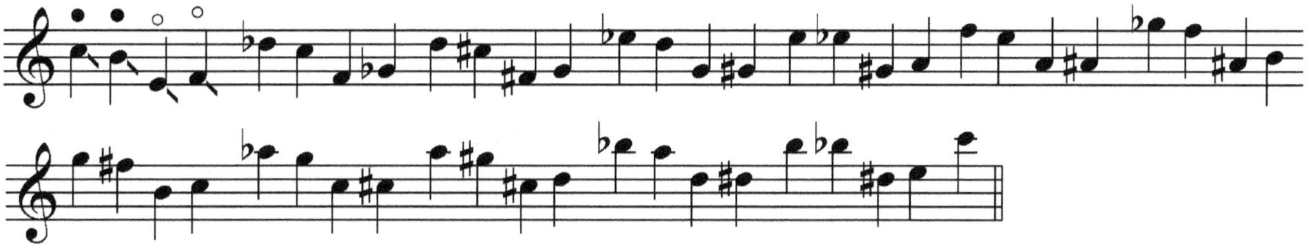

172

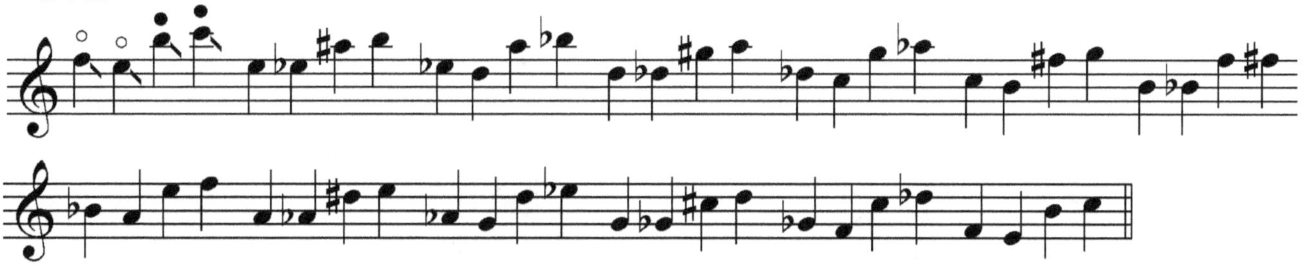

Trois *bending tone* conjoints dont le glissement est réalisé avec la même main (incluant les changements de clavier)

♫ : **Permutations** : **trois notes successives** avec **six permutations des points de dépôt** (voir l'illustration associée à chacun des groupes de notes).

Plusieurs *bending tone* conjoints dont le glissement est réalisé avec la même main

Deux *bending tone* disjoints dont le glissement est réalisé avec la même main (incluant les changements de clavier)

Exercice à réaliser en boucle
(forme de 8)

205   206   207

208   209   210   211

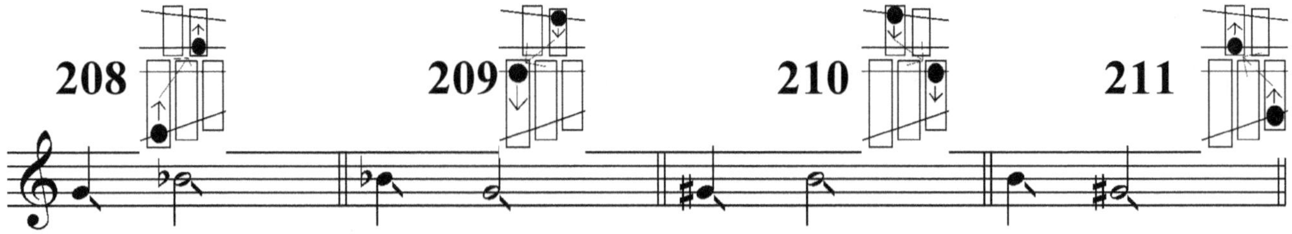

Lignes mélodiques en *bending tone* avec ajout d'une pédale

♫ : **Exemple** de **trois possibilités de doigtés** en majeur.
♫ : Mettre l'accent sur le **contraste entre la note pédale** en valeur longue **et la ligne mélodique** en *bending tone*.

212   213

214

♫ : **Exemple** de **trois possibilités de doigtés** en mineur.

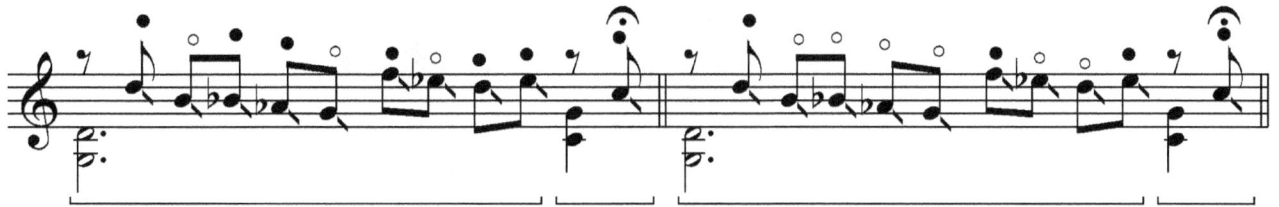

Bending tone avec attente

> ♫ : **Référence :** attente (neutre) avant la réalisation du *bending tone* (2.3.3.1.).
>
> ♫ : Retarder le plus possible avant d'effectuer le glissement. **Une attention particulière devrait être donnée afin de bien positionner le dépôt,** car il est crucial pour bien réussir cet effet.
>
> ♫ : **Cet exercice devrait être transposé partout sur le clavier.**

Bending tone parallèles (simultanés)

> ♫ : **Référence :** Transition et doigtés et Graphologie et recherche sonore (chapitres 4 et 6).
>
> ♫ : Utiliser la **position inversée au besoin**.

2/27/2014 © André Cayer –Le vibraphone et le *bending tone;* Vers une nouvelle approche sonore – Oliphanz Productions

238

239

240

Bending tone doubles

♫ : **Référence :** Transition et doigtés et Graphologie et recherche sonore
(chapitres 4 et 6).

♫ : **Important :** Les exercices réalisés avec le *bending tone* simple (n°1 à 252) peuvent
également être travaillés avec le *bending tone* double.

♫ : **Les exercices suivants devraient être transposés partout sur le clavier.**

241 **242** **243** **244**

Laisser résonner en quittant la latte vis-
à-vis de la corde.

245 **246** **247**

Bending tone double en trémolo

♫ : **Référence :** Transition et doigtés et Graphologie et recherche sonore
(chapitres 4 et 6).

♫ : Réalisation **répétée** et **très rapide** de plusieurs *bending tone* doubles (allers-retours
entre les deux cordes) jusqu'à l'arrêt du son.

248 **249**

Bending tone double en trémolo contrôlé

♫ : Chacune des **notes correspond** à l'arrivée sur l'**une des cordes** (haut ou bas).
♪ : Une fois arrivés sur la note longue, vous pouvez quitter le clavier afin de laisser résonner.

250   **251**

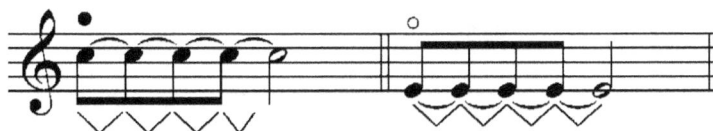

252

253

Bending tone double (contrôle de la vitesse selon le rythme associé)

♫ : Chacune des **notes correspond** à l'arrivée sur l'**une des cordes** (haut ou bas).
♪ : Vous pouvez également réaliser cet exercice avec tous les rythmes qui vous viennent en tête. On doit simplement se **concentrer sur le rythme d'arrivée vis-à-vis des cordes** plutôt que sur le *bending tone* lui-même.

254

Bending tone triple

♫ : **Référence :** Transition et doigtés et Graphologie et recherche sonore
(chapitres 4 et 6);
♫ : Les *bending tone* triple et quadruple sont réalisables, **au choix**, par un **aller-retour**
du *bending tone* **double** (tronqué ou non, selon les besoins) **ou** par un **prolongement du**
bending tone **double** vers le bout de la latte.

Bending tone quadruple

Bending tone simple hors du ton

♫ : **Référence :** Transition et doigtés et Graphologie et recherche sonore
(chapitres 4 et 6).

♫ : Le *bending tone* **affecte la valeur de note la plus longue** et il est réalisé en même
temps que les frappes répétées avec l'autre main.

♫ : Une attention particulière devrait être apportée afin de **bien faire ressortir le
changement de son** chaque fois que la note est frappée de nouveau. Dans un premier
temps, ces exercices devraient donc être réalisés très lentement.

266   267   268   269

270   271   272   273

274   275   276

277   278   279

280   281

282   **283**   **284**

Bending tone double hors du ton

♫ : **Référence :** Transition et doigtés et Graphologie et recherche sonore
(chapitres 4 et 6);
♫ : Réalisation **similaire aux exercices précédents** (*bending tone* simple hors du ton).
♫ : L'**attention** devrait être **portée sur le rythme** pendant que le *bending tone* double est
effectué librement.

285   **286**

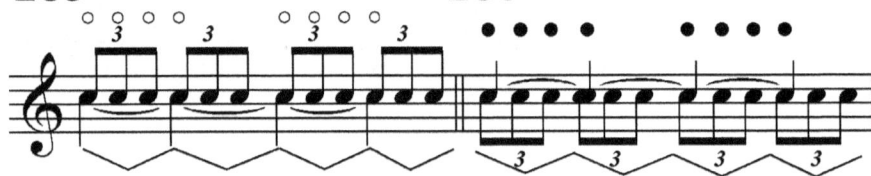

287   **288**

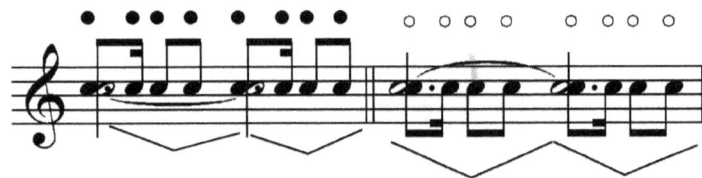

Utilisation directe de la baguette (boule) dure

♫ : **Référence** : Transition et doigtés et Graphologie et recherche sonore
(chapitres 4 et 6).
♫ : Le signe (●) symbolise la frappe réalisée directement avec la boule dure.
♫ : Le signe ▬ indique que la frappe doit être réalisée vis-à-vis de l'une des deux cordes qui traversent la latte[23].

Bending tone avec frappe provenant de la deuxième boule dure

Bending tone avec frappe de la boule dure sur la corde (*bending tone direct*)

♫ : **Référence** : Transition et doigtés et Graphologie et recherche sonore
(chapitres 4 et 6).
♫ : Même s'il existe deux façons de réaliser les exercices 305 à 308, ils visent plus particulièrement la **maîtrise du *bending tone* direct consistant à faire à la fois la frappe et le glissement avec la même baguette** (voir référence). L'apprentissage de ces exercices permettra d'aborder les jeux d'appogiature.

---

[23] Voir chapitre 6 : Graphologie et recherche sonore pour plus d'explications.

Bending tone avec frappe de la baguette dure sur la corde (jeux d'appogiatures)

♫ : **Référence :** Graphologie et recherche sonore (chapitre 6).

♫ : Les exercices suivants présentent une **version décomposée et facile à travailler de l'appogiature superposée au *bending tone*.** Ainsi, comme illustré, si la note d'appogiature présente un symbole associé au *bending tone* (simple, double, etc.), celui-ci doit être fait pendant toute la durée de la note à laquelle il est associé. La réussite de cet exercice nécessite la maîtrise du *bending tone* direct.

297   **298**

299   **300**

Bending tone avec frappe de la baguette dure sur la corde (jeux d'appogiatures) – série

♫ : Suite de l'exercice précédent.

301   **302**

303 **304**

305 **306**

307 **308**

Bending tone avec frappe de la baguette dure sur la corde (jeux d'appogiatures entre les deux baguettes dures)

♫ : Les exercices suivants sont similaires aux précédents, mais avec une frappe provenant de la deuxième baguette dure.

309 **310** **311** **312**

313 **314**

315 **316**

317 **318**

319 **320**

Réalisation d'une harmonique avec frappe provenant d'une baguette dure

321

322

3e partie – Recueil d'études

Avant-propos

Ce recueil d'études fait référence aux notions abordées précédemment de la façon suivante :

ÉTUDE 1 : Alternance des *bending tone* simples;

ÉTUDE 2 : Accords précédés du *bending tone* simple;

ÉTUDE 3 : *Bending tone* double;

ÉTUDE 4 : *Bending tone* parallèles;

ÉTUDE 5 : *Bending tone* superposé à des notes répétées et hors du ton;

ÉTUDE 6 : Utilisation directe de la baguette dure;

ÉTUDE 7 : *Bending tone* avec jeux d'appogiatures et autres éléments de recherche sonore;

ÉTUDE 8 : Intégration libre des différentes approches du *bending tone* à l'intérieur d'une section improvisée;

Les symboles utilisés sont expliqués dans le chapitre 6 (Graphologie et recherche sonore).

Le rythme de chaque note est considéré libre lorsqu'il ne présente pas d'information définie.

Le symbole ⸺⸺ réfère à une préparation arpégée libre avant chacune des notes. La hauteur ♩♪♪ ainsi que la quantité de notes utilisées sont laissées au choix de l'interprète.

Le langage utilisé dans la partie improvisée de l'étude 8 est également laissé à la discrétion de l'interprète.

Le symbole X situé vis-à-vis d'une note fait référence à une « note morte » (frappe avec étouffement direct de la note).

Le symbole X situé entre deux notes ou deux accords fait référence à l'étouffement des sons en cause lors de la frappe de la note ou de l'accord suivant.

ÉTUDE 1

Étues de bending tone pour vibraphone - André Cayer

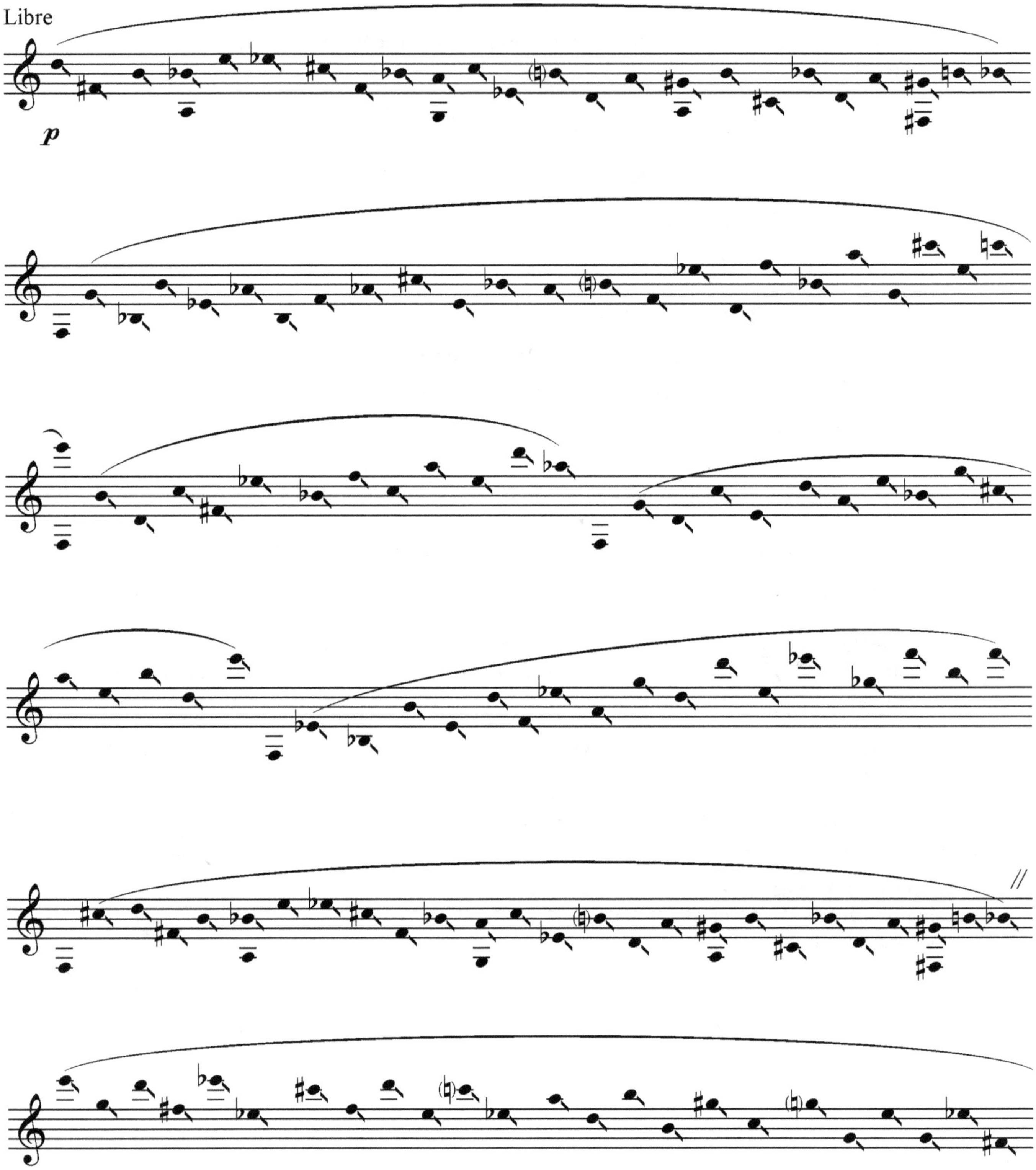

rit.

ÉTUDE 2

Étues de bending tone pour vibraphone - André Cayer

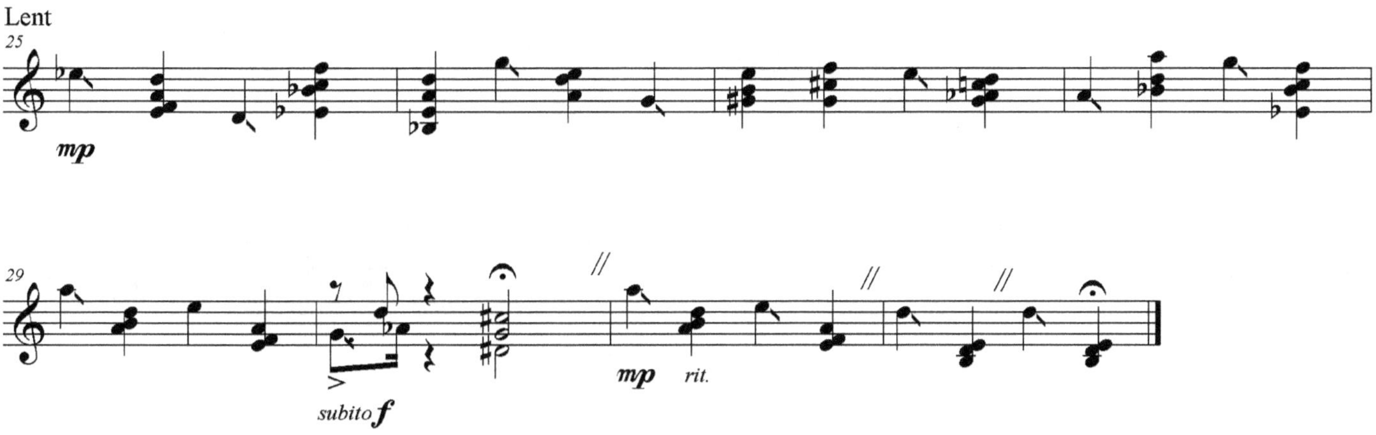
Lent
25
mp
29
subito f
mp
rit.

ÉTUDE 3

Étues de bending tone pour vibraphone - André Cayer

Allegro

2/27/2014 © André Cayer –Le vibraphone et le *bending tone;* Vers une nouvelle approche sonore – Oliphanz Productions

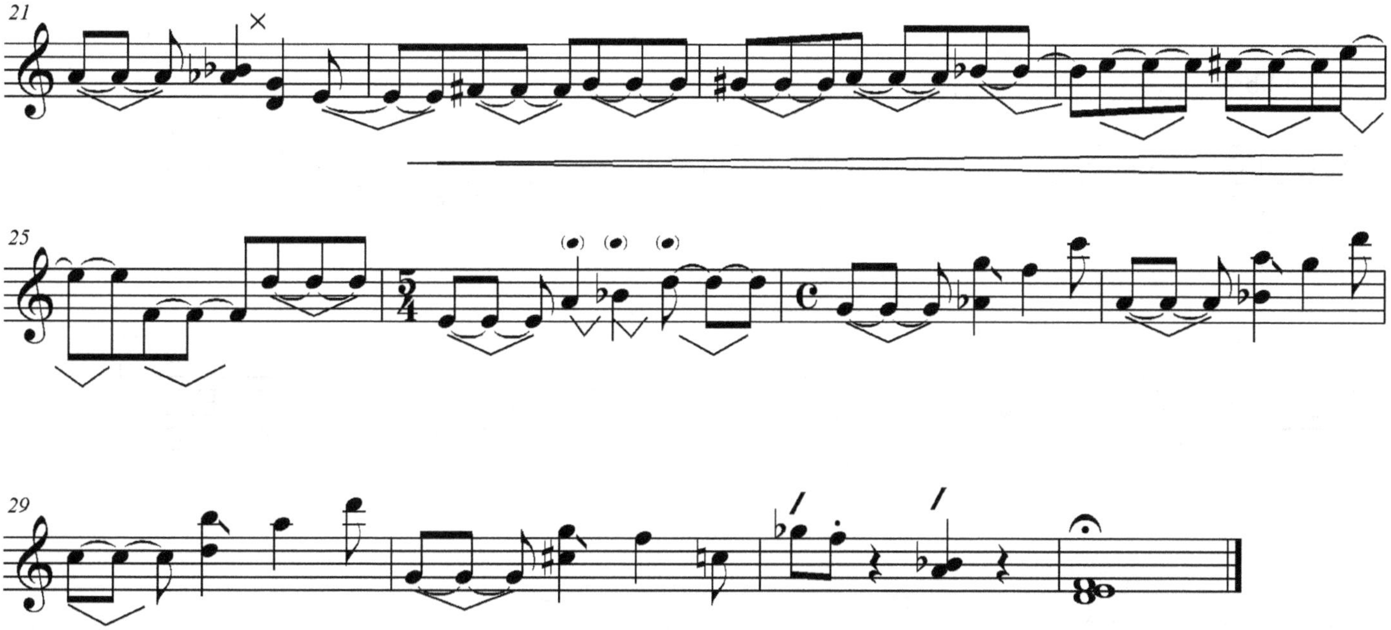
21
25
29

ÉTUDE 4

Étues de bending tone pour vibraphone - André Cayer

Lent et libre

2/27/2014 © André Cayer –Le vibraphone et le *bending tone;* Vers une nouvelle approche sonore – Oliphanz Productions

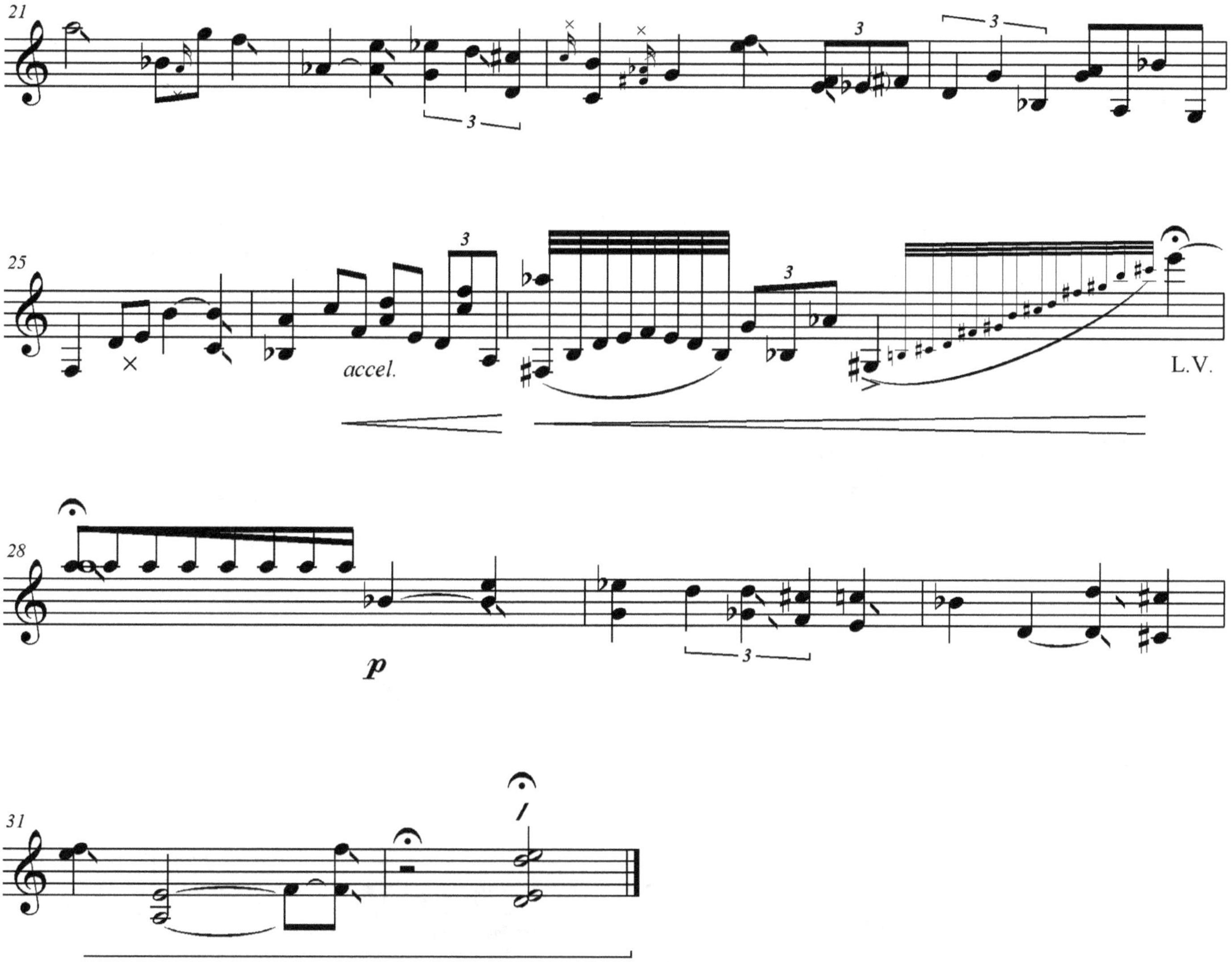
21
25
accel.
L.V.
28
p
31

ÉTUDE 5
Étues de bending tone pour vibraphone - André Cayer

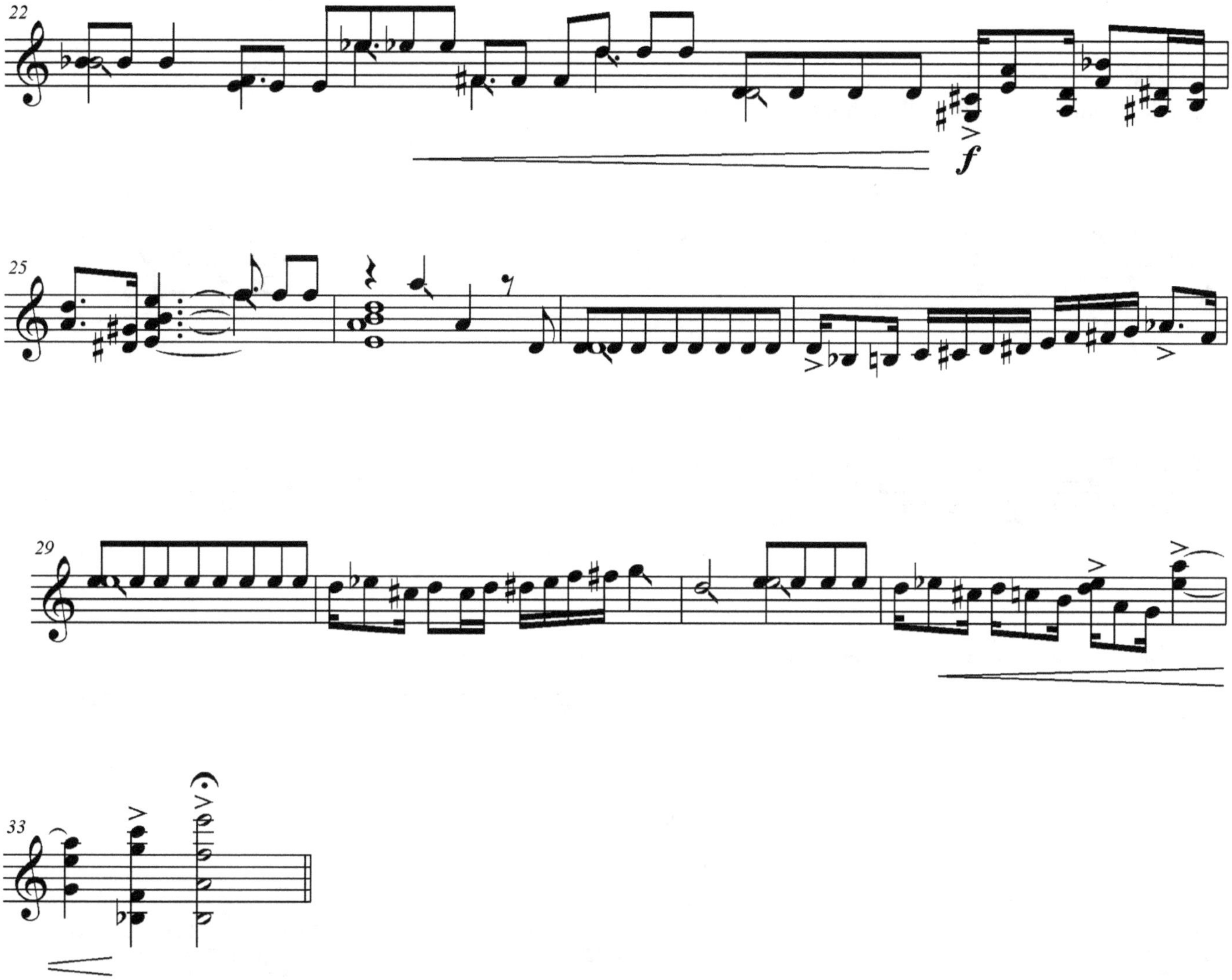
22
f
25
29
33

ÉTUDE 6

Étues de bending tone pour vibraphone - André Cayer

 2/27/2014 © André Cayer –Le vibraphone et le *bending tone;* Vers une nouvelle approche sonore – Oliphanz Productions

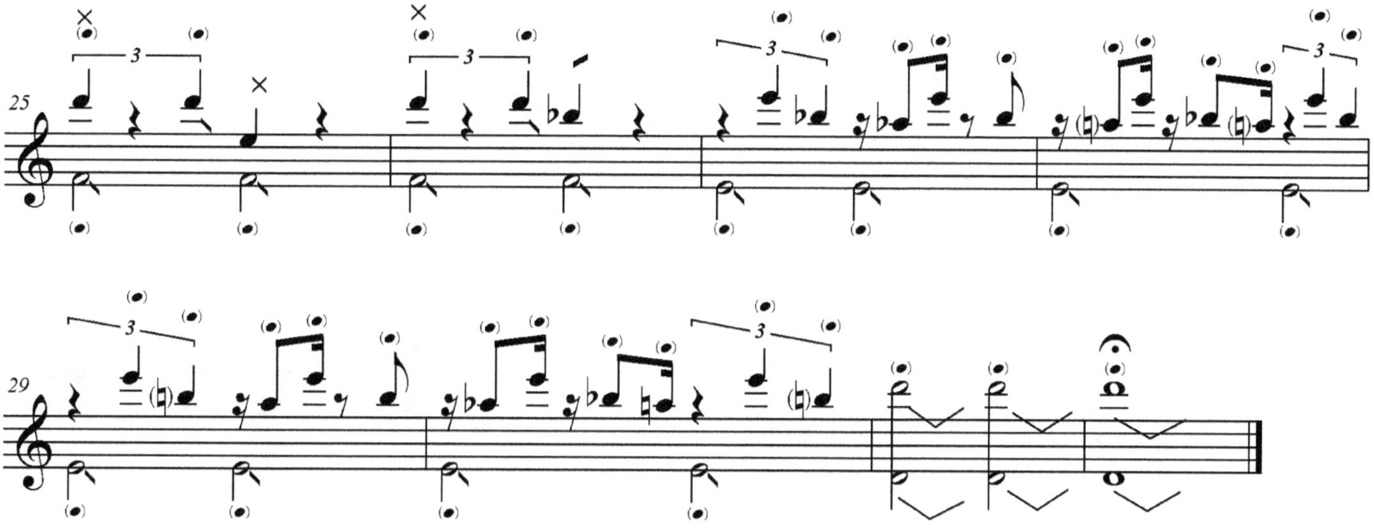
25
29

ÉTUDE 7

Étues de bending tone pour vibraphone - André Cayer

2/27/2014 © André Cayer –Le vibraphone et le *bending tone; Vers une nouvelle approche sonore* – Oliphanz Productions

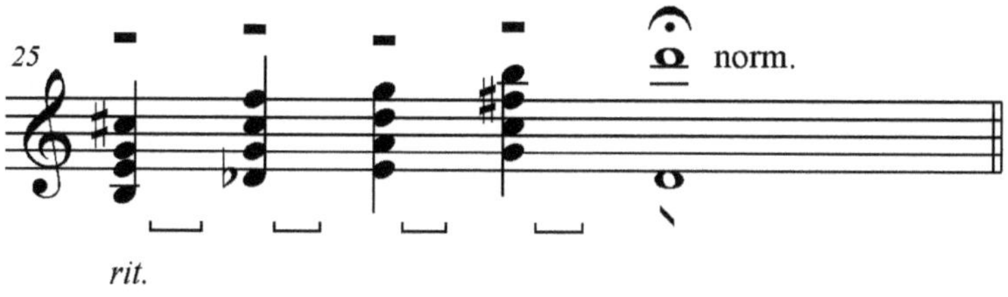
25
norm.
rit.

www.ingramcontent.com/pod-product-compliance
Lightning Source LLC
Chambersburg PA
CBHW050715100426

42735CB00041B/3307